Nach dem grandiosen Erfolg seines Bestsellers *Der Turm* führt Uwe Tellkamp uns erneut in seine Heimatstadt Dresden. Auf den Stationen dieser Reise wartet eine Fülle von Geschichten, die sich zu einer einzigartigen Erzählung der Stadt zusammenfügen. Wir begegnen der Klavierlehrerin Adolzaide und dem Vorsitzenden der Quitten-Gesellschaft, hören Gesprächen über die Frauenkirche, Dresdner Maler und Architektur zu, besuchen den Jungen, dem in einem Johannstädter Plattenbau ein Tube Schuhcreme zum Gleichnis für den Traum vom Meer wurde. Dresden ist ein Stück Italien, und eine Laufmaschenreparatur ist in Wahrheit eine Filiale des Amts zur Wiederherstellung der Schönheit …
Die Schwebebahn wird zum Bild des Lebens in seiner sinnlichen Vielfalt, poetisch und humorbegabt. Mit den »Aufzeichnungen eines Rüsselkäfers«.

Uwe Tellkamp wurde 1968 in Dresden geboren. Nach seinem Wehrdienst in der NVA verlor er wegen »politischer Unzuverlässigkeit« seinen Medizinstudienplatz, wurde 1989 im Zuge der Wende inhaftiert und setzte danach sein Studium in Leipzig, New York und Dresden fort. Nach seinem akademischen Abschluß arbeitete er als Arzt in einer unfallchirurgischen Klinik in Dresden. Für seinen Roman *Der Turm* erhielt er 2008 den Deutschen Buchpreis. Heute lebt er als Schriftsteller in Dresden.

insel taschenbuch 4134
Uwe Tellkamp
Die Schwebebahn
Dresdner Erkundungen

Uwe Tellkamp
Die Schwebebahn
Dresdner Erkundungen

Mit Fotografien von Werner Lieberknecht

Insel Verlag

Umschlagfoto: Werner Lieberknecht

Für Nora und Meno Tellkamp

2. Auflage 2020

insel taschenbuch 4134
Erste Auflage 2012
Insel Verlag Berlin 2012
© Insel Verlag Berlin 2010
Alle Rechte vorbehalten, insbesondere das der Übersetzung, des öffentlichen Vortrags sowie der Übertragung durch Rundfunk und Fernsehen, auch einzelner Teile. Kein Teil des Werkes darf in irgendeiner Form (durch Fotografie, Mikrofilm oder andere Verfahren) ohne schriftliche Genehmigung des Verlages reproduziert oder verarbeitet, vervielfältigt oder verbreitet werden.
Vertrieb durch den Suhrkamp Taschenbuch Verlag
Umschlag: Hermann Michels und Regina Göllner
Druck: Kösel, Krugzell
Printed in Germany
ISBN 978-3-458-35834-3

Die Schwebebahn
Dresdner Erkundungen

1

Das Dresden meines Temperaturgedächtnisses ist eine Winterstadt voller Fernwärmerohre und Heizungen, von deren Rippen die Farbe abgeplatzt war; oft lag ich, ein Junge von zehn oder elf Jahren, nachts wach und lauschte den Flüsterstimmen der Gespenster, die in der Braunkohle wohnten und durch die Überredungskünste von Riesaer Sicherheitszündhölzern und Flammat-Kohleanzünder (weiß, hartseifig – oder braun und zäh wie »Plombenzieher«-Toffeebonbons) aus ihren tertiären Schlafstätten gelockt wurden. Das Land driftete, gegen die kontinentale Geographie durch eine Betonmauer abgedichtet. Der Elbhang war ein Pflanzenkorb, vergiftet vom Fluß, der schwarzen Aorta der Stadt. Immer wieder ging es um Infiltration, erobernde Kräfte. Die herrschten, wollten in die Köpfe derer, die beherrscht wurden – die beherrscht wurden, wollten das, was in ihre Köpfe wollte, aus ihren Köpfen heraushalten; dadurch begannen auch sie zu herrschen, auf die dubiose, unerklärliche Weise, die den Gejagten Züge der Jäger verleiht. Insofern ist Macht eine Geisteswissenschaft. Verblüffend war, daß die trojanischen Schichten in Dresden umgekehrt lagen: Vergangenheit oben, auf den Dachböden; Zukunft, in Form von winterharten Lebensmitteln, Reparaturmaterial, Brennstoff, in den Kellern. Gefrorene Wespennester, Zellstoff-Pagoden ähnlich, waren Vorboten des Eindringens, gegen das die Bilder, die Klänge, die Namen helfen sollten.

Für den Jungen, der ich war, gab es kaum einen anziehenderen Ort als den Dachboden der Oskar-Pletsch-Straße 11, Weißer Hirsch, das zweite Haus, nach einem Johannstädter Plattenbau, das auf mich den Eindruck einer Persönlichkeit machte. Wenn die Winde schnauften und das Schneegestöber weiße Mauern um den Elbhang wachsen ließ, knarrten die Dachbalken, als gehörten sie zur »Hispaniola«, dem Schatzinselsegler; manchmal hörte ich Käpt'n Flints schrille Stimme nach seiner Mannschaft rufen und sah, wenn die Glühbirne im Dachfirst mit Licht zu knausern begann, John Silver durch eine Hafengasse hinken, Billy Bones im »Admiral Benbow«, begleitet vom betrunkenen »Fünfzehn Mann auf des Toten Mannes Kiste«, in der Truhe nach der Schatzkarte wühlen. Wenn ich mich jetzt, wieder von einem Dachboden, an diese entrückten Winter erinnere, gehe ich auf Reisen wie damals, als ich dick eingemummt zwischen Koffern und Kartons mit Weihnachtsutensilien hockte. Zwischen mir und dem Jungen liegt mehr als die 89er Revolution und eine tiefe Flutmasse Zeit; es liegt der Abstand zweier Planeten zwischen uns, von denen der eine, das Dresden als DDR-Provinzhauptstadt, mit dem Schelfeis der Vergangenheit bedeckt ist, und der andere, das Dresden der Gegenwart, mit digitalen Benutzeroberflächen. Und es ist ein Spinnenfaden nur, von Südsonne beglänzt, scharfrichterlich wie die Klinge eines langsam gehobenen Schwerts, der den einen Flugkörper mit dem anderen verbindet, meine Tintenmanufaktur voller Papier und Mappen mit den rötlichen Pfetten, dem Geruch nach Holz, der Spinnwebharfe in der Ecke des Dachbodenfensters Oskar-Pletsch-Straße 11, reißbrettgenau wie die Schraffur einer vorbildlich präzisen Grafikerin; Linien, myzelzart, zugleich kraftvoll – eine nach Lebendigem fischende Radierung. Wenn ich mich vor dem Fenster bücke, greift eine Baumkrone in die Wolken, die ihre Graugansbäuche mästen und gravitätisch, eine Kauffahrtei der Daunen, vorüberziehen; eins kommt zum andern, so daß ich, ein Rasiermesser aus dem Friseursalon Harand, mit Herkunftsschildchen bei Ausverkauf versehen, in der Hand, als Seiltänzer den Gang über den Spinnwebfaden antreten kann. Der Weiße Hirsch –

… Friseursalon Harand: Rote Brennesseln verätzten unsere Gesichter, wenn wir, eine Horde Jungen vor der Jugendweihe oder Konfirmation, den Anweisungen des Demonstrators am eingeseiften Luftballon nicht genau Folge leisteten und die Rasiermesser falsch führten; rot, das war zum Erstaunen, rote Schneewittchenflecken in Harands weißen Tüchern. Der Salon befand sich in der runden Ecke Lahmannring/Collenbuschstraße und hatte getrennte Eingänge für Damen und Herren; am Dameneingang begann die Sphäre der Kaltwelle und Wasserstoffblondierungen, der Modezeitschriften und Trocknerhauben, unter denen die mit intrigengelben Lockenwicklern fixierten Frisuren gemächlich schwatzender, in der »FF Dabei« und »Neuen Berliner Illustrierten« blätternder Rentnerinnen dörrten. Am Dameneingang begann die Manöverkritik der jüngsten Vorgänge, Inneneinrichtungen, Liebschaften und Scheidungen im Viertel, schwappte, wenn die Damen sich im Bewußtsein lebenstüchtiger Frisurtriumphe ein Dresdner Gedeck (Kaffee, Eierschecke) im Parkhotel gönnten, in den Schlitzohr-Charme seines Betreibers und daraus, im Bunde mit den Einflüsterungen eines Stehgeigers, wieder ins Viertel zurück. Unterwegs von der Schule, mit der Jovialität des Schauspielers Dehler aufgeladen, der in der Kurparkstraße seinen Opel Kapitän wusch und mit Ochsensuppenbaß: Was wollt ihr in diesem Hain (er sprach den Holländermichel in einer bekannten Aufnahme von Hauffs »Kaltem Herz«) donnergrollte, trafen wir ängstliche Absprachen über den Augenblick, wenn wir den Herreneingang des Friseursalons Harand passieren würden, an einem Schirmständer vorbei den Vitrinen mit Vorkriegsreklamen entgegen, bis zur Phalanx aus weißbekittelten Autoritäten; den Moment, wenn Harands Gehilfen die Köpfe von ihrem aktuellen Geschäft heben und knapp taxierende, uns sofort zum »Kroppzeug« ordnende Blicke ausklappen würden, jeder der Friseure mit gesticktem Namen auf der Kittelbrusttasche, aus der Zinken eines schwarzen Ebonitkamms und, wie das Brillenmuster einer Kobra, zwei Scherenaugen ragten. Und dabei half uns noch der Geruch der Schlämmkreide auf den Tennisplätzen des TC Bad Weißer Hirsch, das Geräusch der Schleppen, mit denen wir die Aschegeviere abzuziehen hatten, wenn wir spielen wollten, die Wucht eines gutsitzenden Returns (wir spielten noch mit weißen, markenlosen Tennisbällen, unsere Schläger waren aus Holz und schwer, nach dem Spiel mußten wir die Schlagfläche im Spannrahmen justieren); es halfen die Wasserkünste der Brunnen-Hygieia im Rathauspark, der verfallende Konzertplatz mit seinen von den Buchen ringsum herbeigekehrten Erinnerungen an Akkordeonschluchzen, Kurorchester und die frivol-augenzwinkernden Couplets der Gassenhauerzeit (»... kleine entzückende kleine berückende fahrkartenzwickende Hand« einer Schaffnerin) gegen die machtausübende Musterung, der wir unterzogen wurden und der ein mehr oder weniger Widerspruch duldendes Platzzuweisen, robustes Durchseifen unserer von Wald und Feld verborsteten Kopfgestrüpp unter wie Teekannentüllen gebogenen Hähnen, schließlich, wir bekamen unsere Frisuren einfach verpaßt, das ungefragte Scheren folgte, rasche, vierschrötige Erledigung einer Dauerlieferung, im Gegensatz zum schmeichlerischen Umschwänzeln der Honoratioren, deren Häupter nicht wie unsere »Nischel« ins Waschbecken in den routiniert geprüften Strahl getunkt, sondern einfühlsam und servil, in Sichtweite der Autogramme von Grethe Weiser, Heinz Rühmann »alias Quax, der Bruchpilot«, Theo Lingen, unter den wohltemperierten Wassern von Dresden massiert wurden.

Nehme ich eine der »i«-Puppen von Irmgard Bahmann zur Hand, hergestellt im VEB Künstlerpuppen, jede mit der unverwechselbaren Liebe zu einem Kind versehen, ist es mir, als kämen die Dezember zurück, in denen die Stadt wie in einen Eiskokon gehüllt im Dornröschenschlaf hing und die Ankündigung von »Ritschers Künstler-Marionettentheater« die Kinder des Viertels in jene Advents-Vorfreude versetzte, die sich aus der Wärme vieler schmückender, der Behaglichkeit zuträglicher Tätigkeiten speiste, bevor sie in den von Erzgebirgsfolklore, Pyramidendrehen, Lebkuchen- und Bratapfelduft durchwobenen Märchenschimmer des Heiligen Abends mündete. Herr Ritscher war ein klassischer Wandermarionettenspieler, stammte aus einer Puppenspielerdynastie und trug, so schien mir, noch die Erbschaft seiner über Land treckenden Vorfahren mit sich, die Himmel über niederschmetternd armseligen Dörfern, Bauernhände, die den schweren Planwagen mit der so kinderleichten Fracht im Matsch von Novembertagen aus Ackerfurchen deichselten. Er baute seine Bühne im Parkhotel auf und ließ, begleitet von seiner Mutter, die metergroßen Puppen, den Reifentänzer, den Gewichtheber, für uns lebendig werden. Das Puppenspiel hatte in Dresden eine lange Tradition, es gehörte zu Geburtstagsfesten und weihnachtlichen Krippenspielen wie die in Mänteln aufgeführten, häuslichen Theaterstücke zu den strengen Wintern; die Alchimistenküche des Doktor Faustus, die geschüttelten Betten der Frau Holle, Kasper, den Gretel zum Ergötzen der lieben Kinder dazu anstachelte, seine Holzklatsche drastisch über die Schädel der Obrigkeit zu ziehen, kopierten sich aus den Vorstellungen des Puppentheaters im Trachauer »Goldenen Lamm« in die Wohnzimmer, die von ihren Mietern mit

Burattino, Pinocchio, den Prager Figuren Spejbl und Hurvínek, der Kunst Sergej Obraszows geteilt wurden.

Die schönste Stunde brach an, wenn ich, im Besitz unseres Dachbodenschlüssels, so daß mich weder mein Vater noch mein Bruder würden stören können, die Abendgeräusche des Hauses zu hören bekam, Schritte im Treppenschacht, Kohlenschütten, deren Inhalt in die Ofenöffnungen aller drei Etagen gekippt wurde und auf den Rosten mit dem mir unvergeßlichen, kreidigen Gepolter von »Rekord«-Briketts aufschlug, das Murren der Umwälzpumpe im Zimmerchen unter der Bodentreppe, das sie ganz ausfüllte, und wo sie die Aufgabe eines wenn auch lahmenden Herzens übernahm, indem sie die Heizungswasser durch die Arterien und Venen des Hauses schob. Dann konnte ich fliegen, denn ich hielt eines der farbig bemalten Blechschilder in der Hand, die ich in einem Rucksack entdeckt hatte, Reklamen für Lufthansarouten über Gotenhafen, Göteborg via Kopenhagen nach London; für die Transatlantiklinien der Hapag und des Norddeutschen Lloyd, der Hamburg-Südamerikanischen Dampfschiffahrts-Gesellschaft – die albatrosumflogene, weißblaue Atlantikwellen wie Buchseiten trennende Silhouette der »Cap Polonio«, die Namen Bremerhaven und La Plata, dschungelgrüne Palmen, ein sturmerprobter, den Freibeutern der sieben Meere ebenbürtiger Kapitän: das genügte, um meinen Atem zu kapern. Und so bald wurde er mir nicht zurückerstattet. Die verwinkelte Dünung des Dachbodens mit ihren Buhnen aus Weinballons, gußeisernen Heizkörpern, deren Rohre hilflos wie mißbrauchte Prothesen in die Luft griffen, den Wellenkämmen aus eingemotteten Kleidern, toten Wespen als Sarkophage dienenden Tontöpfen, Strömungen aus den Dachkammern der Nachbarn spülte mir eine Kiste in die Hände, in der Fotoalben neben mürbe gewordenen Regenschirmen, Damenstrümpfen mit Laufmaschen und Zigarettenetuis steckten, und mehr als der Feigenduft, die Farben des Orients, die der Kiste entstiegen, verhießen die Namen: warte; wir müssen langsam beginnen, und alles muß in Frage stehen. Unter dem leicht erhabenen, schlickgrünen Buchstaben-Relief »Hänsom« standen die Worte »Tonfilmbilderalbum« und »Jasmatzi/Dresden«, darunter das mir unbekannte sächsische Wappen (im Schulunterricht kam es nicht vor); ich schlug, gestreift vom Hauch aus einer Jahrhundertgruft, die Kladden so beklommen und ehrfürchtig auf, als wären es Reliquien, und sah, auf geduldig eingeklebten Bildchen, die in ihren vorgedruckten Rahmen wie in einer Papierstube hingen, Ufa-Stars der Aufmerksamkeit eines Fremden entgegenlächeln, der sich über die mit Pergamin voneinander gesonderten, wie aus einem arktischen Ägypten freigelegten Papyri beugte. Jasmatzi, Yramos, Kosmos, Union, Patras, Macedonia: Untergegangene Namen, an denen eine Geschichte haftete, für die mir, wenn ich aus der Schule kam und über die Kurparkstraße nach Hause ging, der in Bleiglas gefaßte Bilderbogen »Der Weg der Tabakkiste« im Treppenhaus der Villa Zietz, die dem Besitzer der Yenidze-Zigarettenmoschee gehört hatte, als Beispiel diente; es waren die Namen, die in den Augen einen Sprung hinterließen, dienstbar dem Poetischen Sehen, in dem man Trauer und Freude, Dunkel und Licht, Vergangenheit und Gegenwart zugleich wahrnimmt.

2

Um in die Sowjetunion zu gelangen, mußte ich, vor dreißig Jahren, nur einige hundert Meter zu Fuß gehen. Jenseits der Bautzner Straße befand sich ein Lazarett der Roten Armee, das frühere Lahmannsche Sanatorium, in dem Kafka und Thomas Mann zu Gast gewesen waren; Rilke hatte hier gedichtet, und die rumänische Königin war unruhig auf und ab gegangen. Für mich war das Lazarett das geheime Herz von Dresden – mit hohen Zäunen abgeschottet, von Militärposten bewacht. Über den Mordgrund ragte ein Förderband, das Asche in die Schlucht mahlte mit einem brummenden, vom Gepolter der Loren begleiteten Geräusch. Nachts schlichen wir uns an, abenteuerlustige Jungs, und beobachteten die Kalte Klawdia, die das Lazarett beheizte und, was wir noch nicht wußten, die Häuser des Viertels mit Strom versorgte. Eines der Thermometer stach wie der Zahn eines Narwals aus dem Heizhaus, ein Splitter Märchen im Hoheitsgebiet der Stadt. Wir wußten kaum etwas von der Kalten Klawdia, weder, woher sie kam und aus welchen Gründen es sie an diesen Ort verschlagen hatte, noch, ob sie tatsächlich »zu den Russen« gehörte, wie wir unterschiedlos alle nationalisierten, die Uniformen mit »CA«-Schulterstücken trugen. Manchmal sahen wir sie, wie sie nachts unter einer Hoflaterne rauchte, der Glutpunkt hell- und dunkelrot im Atmen, in Gebirgen grusiger, den Laternenschein matt reflektierender Kohle. Nach einer Weile begann Klawdia zu grummeln, und wenn sich die Geräusche aus dem Heizhaus veränderten, hob sie ihren Kopf und lauschte, rückte, mit einer eher belustigten als wütenden Gebärde, wie mir im Versteck auf einer der Mordgrundbuchen schien, in dieser nahen, doch unbetretbaren Welt ihre Schapka zurecht, wurde von Lachen geschüttelt, stieß eine der Schubkarren beiseite, die vor den Kohlehaufen standen, und begann zu heulen: »Klaw-dija! Menja sowut Klaw-di-ja …!« Ich heiße Klawdia; dann schrie sie, die Fäustlinge mit der Zigarette vor dem Mund: »Gidje? Gidje?« – Wo? Wo? – in das eintönige Geräusch des ascheschleppenden Förderbands. An den Dachtraufen des Lazaretts hingen Eislanzen, und Klawdia beendete ihre Rauchpause, indem sie einen Armvoll dieser Gebilde pflückte und vor ihrer Brust stapelte wie milchiges Brennholz. »Nje kuritch«, nicht rauchen, stand auf den Toren.

… Straßen. Über dem Hainweg, einer von der Kurparkstraße abzweigenden Sackgasse, liegen im Frühling der Schimmer des Flieders und abends, wenn die pfeilenden Rufe der Schwalben die Gärten mit Reisefreude füllen, Schauer seines lilafarbenen, in der Jugend beheimateten Dufts. Ich habe diesen unscheinbaren Weg mit seinen Häusern im Schweizerstil (eins beherbergte ein Bordell der Staatssicherheit), der Tafel mit dem selbstbewußten »Aus eigner Kraft«, der indianisch abgemagerten, gläsern zarten Villa Wald-Eck am Beginn, den Pflanzen, von denen die Fenster und Veranden nur geliehen zu sein scheinen, immer gern gehabt, und noch heute biege ich oft, wenn ich mit meinem Sohn auf den Sportplatz der 59. Schule gehe, für eine Weile ein, um die aus Blättergemurmel und Regattastimmung gemischte Leichtigkeit zu atmen. Die Bautzner Straße, dicht von Autos berieben, ist aufgeladen wie ein galvanischer Stab und zieht die auf dem Spaziergang abgeblätterte

Taschenbergpalais 1980

Hektik rasch wieder zusammen; die Häuser – das noch den Brombeeren gehörende Anwesen des Kammersängers Schellenberg, das einem Tudor-England aus der Tasche gerutschte Haus Silvana, die ehemalige Konditorei Binneberg, in der sich inzwischen das Feinschmeckerlokal »bean & beluga« befindet – wirken wie auf eine Kliffkante exiliert, an der das maritime Element nicht seine unpathetisch-sommersprossige Ostseeversion ausspielt (sie schleust die Häuserlinie des Rißwegs in Tatis »Ferien des Monsieur Hulot«), sondern die Schroffheit der Nachsaison, die Ernst macht und die Fundamente angreift.

… Chopinstraße: Ich weiß nicht, weshalb dieser Name an das Seitentürchen klopft, das abseits von der Hauptbahn der Eindrücke und Erfahrungen, die durch das Orbit des Auges zieht, seinen von Einsprüchen vermauerten Platz behauptet; liegt es am Buchstaben C, mit dem der Name dieser Straße am Weißen Adler beginnt (ein Mittelmeer-Buchstabe, seine Farbe hat den Elfenbeinton einer mit Können genährten, nie von den Grausamkeiten dilettierender Finger beleidigten Bechsteinflügel-Tastatur), oder liegt es nicht doch daran, daß in der Chopinstraße meine erste Liebe wohnte. Obwohl ich die Schwarmgeister zur Besinnung mahne und im Flachflug über der Realität zu halten versuche, indem ich mich an das Kinderheim in der Chopinstraße erinnere, bricht der Schock, wenn sie, die ich Quichotte nannte, inmitten ihrer Freundinnen den Schulhof betrat und sich ringsum, als wären sie Magnetwesen mit dem abstoßenden Pol hin zu ihren Mitlebenden, sofort Platz bildete, eine Zone des Verstummens im Schülergequassel, eine Aura der Unerreichbarkeit, bricht dieser Moment, der immense und abrupte Bann, den die Frauen (sie waren keine »Mädchen«) erzeugten, mit der Kraft einer Staudammsprengung wieder auf, jenes Bersten einer bis dahin unbekannt gebliebenen Verkrustung, die nur der Schulsport oder eine der üblichen Mutproben ahnungsweise bedrängt hatte; und plötzlich verlor man die Fassung, hatte mit der sprudelnden Freiheit umzugehen, in der man erst nach einigen betäubten Sekunden ebenso panisch wie nutzlos um irgendeinen Halt kämpfte, während die Phalanx aus schimmernder Weiblichkeit, darin »sie« mit unbeteiligtem Blick, in sogenannten Essengeldturnschuhen (sie kosteten den Betrag einer Schulspeisung) und Jeans aus dem Westen, hinter sich eine Schleppe von wiederaufzweigenden Gesprächen, lässig und nicht einmal für einen schnippischen roten Heller schuldbewußt, wie mir schien, in die 59. Polytechnische Oberschule einzogen.

… Straßen. Gehe ich den Rißweg, die so einladende konkave Krümmung seines Rückens, hinab, nehme ich wie vor den Jahrzehnten des Wagnisses, das Erwachsensein heißt, die fluiden Bilder aus dem Eckhaus Rißweg / Steglichstraße mit, dessen Bug rund geschwungen ist wie das Maul eines Welses und in dem vor der Dekorationswerkstatt Leuter mit ihrem anziehungskräftig in silbergrau-wetterfesten Stoff gekleideten VW Käfer ein Orthopädieschuhmachermeister residierte (ich erinnere mich genau an diesen Begriff, weil ich seine 28 Buchstaben auf dem Schaufenster immer wieder zählte): Schusterleim, Brodem aus den nassen Mänteln der Schlangestehenden, der gummibeschlagene Holztresen, an dem die Meistersgattin die Papierabschnitte für die Abholung ausfüllte und das Pendant auf die Schuhsohlen klebte, eine brüsk rangierte Klapplade, hinter der die Treter von uns Kindern, die Halbschuhe der Väter, die »Salamander« der Honoratioren, die schiefgelaufenen Pumps der unentwegt nach Einkäufen hastenden Mütter des Viertels einträchtig, wie sonst nicht im Leben, auf den Regalen einer wissenden, an Kostüm- und Beinhäusern interessierten Macht beieinanderstanden. Auf der Oskar-Pletsch-Straße, die mit der brauchbaren, elefantischen Biegung einer Schwimmbadrutsche abfällt, habe ich den Eindruck, daß sich zwei Reiche an ihrer nachlässig bewachten Grenze treffen: das eine wird vom Lächeln des Mädchens mit dem Perlenohrring bewohnt, das Vermeer gemalt hat, vom Schmelz ihrer halbgeöffneten Lippen und der feenhaften Musik, die das Perlenweiß und Blau mit dem Zitronengelb eines Turbans befacht; das andere säumen rostige, von den dunklen Lungen der Blutbuchen abgeatmete Boten – vor dem »Fuchsbau« an der Berglehne, gegenüber im Garten an der Sonnenleite, Hietzigstraße 4 und 1, am Eingang der Collenbuschstraße 2 und, als Bronzeriesen, im Park der Schillerstraße 12 stehen diese wie aus der Romanik auf glimmenden Zeitachsen herbeigebannten Bäume. Während ich über die Collenbuschstraße mit ihrer von den Sonnabendpantoffeln neugieriger Kulturbürger geschmirgelten, fedrigen Heimatkunde gehe, sehe ich, die Perspektive begütert von der aus Vatikan-Sommersitzen abgesplitterten Villa Thorwald, bereits die Schevenstraße vor mir, die auf mich auch heute, wenn Schlaglöcher unverblümter und Fassadenrisse anrührender werden, wie eine über die Elbe bugsierte Kanzel wirkt, von der, mit bestem Blick und lässig in die Hosentaschen gesteckten Händen, der Adel der Stadt unverändert wie vor 89 auf sein Werk und seinen Besitz blickt.

… eine leere Wohnung, Umzugskisten (damals noch aus Holz), Möbel unter Tüchern, kerzenweiß, skulpturhaft; Tapeten schälen sich in Placken ab, riechen nach feuchtem Gips. An den Fenstern ranken Eishecken. Draußen, in den Loschwitzer Gärten, zögern die Bäume wie Korallen. Ein Klavier spielt irgendwo ein erkältetes Nocturne. Ich konnte atmen, ich begann zu schwimmen mit erkundungsmunteren Lebensschlägen, einem noch ungläubigen Körper in einem Aquarium ankerlichtender Dinge. Immerhin war 1978 der erste deutsche Kosmonaut (Astronaut sagte niemand im Osten) ins Weltall gestartet, Sigmund Jähn aus Morgenröthe-Rautenkranz; er hatte der fähnchenschwingenden Menge entlang der Ernst-Thälmann-Straße zugewinkt. Mein stilles Atlantis – ich wurde Luftgänger, sah die Wanderschaft des Eises, die Haut aus Täuschungen, die im Frost aufplatzte. Ich schwebe. In den Zimmern des Winters 78/79 wölkt Rauch vor den Mündern, die Behausungen gleichen den Tuberkulosekavernen auf den Durchleuchtungsschirmen in den Wagen mit der Aufschrift »Volksröntgen«, Dresden ist ausgehöhlt, der Fluß lagert Schicht um Schicht seines Totenwachses um die Stuben. Ein Witz riet: Fotonegative zum Entwickeln einfach in die Elbe tauchen, da ist genug Chemie drin! Fische trieben bauchoben, wenn das Arzneimittelwerk oder die Zellstoffabrik Heidenau Abwässer »einleitete«. An der Schneekugel, deren gläsernes Gewölbe nachklang, wenn ein Diskus im Heinz-Steyer-Stadion übers Ziel flog, rüttelten die Winde, im Gestöber blieben Straßenbahnen liegen und mußten mit Pflügen freigebrochen werden. Die roten Sterne auf den Betrieben leuchteten, wenn der Plan erfüllt war. Das Wachtangow-Theater spielte, die Donkosaken stimmten »Wetschernij swon« an; die

Apfelsinenschlangen vor den Geschäften des Kombinats OGS (Obst, Gemüse, Speisekartoffeln) wuchsen noch immer und wie je. Im Fernsehen lief »Gewußt wie – spart Energie«. Das Radio war ein lauschendes Tier. Driftete es durch dunkelblaue Zonen, ein submariner Offizier des Ohrs? Ein Bathyscaph, der »Fidelio« hieß, Tasten besaß, die »Hörspiel«, »Orchester«, »Jazz« versprachen; das Signal des Kremls flackerte über die schlafende Stadt, Aufforderung zum Wachstum der Rosen. Grün phosphoreszierten die Skalen der Rundfunkstationen, Hilversum, die geheimnisvolle Abkürzung Sottens., Ziele unserer Traumreisen durch das Eis, die Nacht. Die Lampen der Kronleuchter brannten, beleuchteten das Unwichtige, damit das Wichtige im Schatten und der notwendigen Ruhe blieb.

3

14. März 2010, ein Tag mit bedecktem, weichem Licht, wie es in geerbten Löffeln vorkommt; es gibt Tagesauskunft, zugleich verbirgt es etwas, wovon ich nichts weiß. Wenige Menschen sind auf den Straßen. Das Viertel schläft, den beklommenen, gliedermüden Schlaf verregneter Sonntagnachmittage. Hin und wieder meldet eine Elster ihr Mißvergnügen, am Ende der Stechgrundstraße zerstreuen sich Waldläufer. Die Sächsische Wach- und Schließgesellschaft begeht das Areal des ehemaligen Sanatoriums; auf der Grundstücksstraße, die von Baumkronen überwölbt ist und sich im Gestrüpp verliert, steht ein Wohnwagen, ein blauer Schneeschieber davor, ein Besen, eine gelbe Plastente. Dahinter ein massiges Gebäude mit augenhaft geschwungenem Fenster, das frühere Herrenbad, geduckt von einem Ziegelturm (das Wasserreservoir), kyrillische Buchstaben auf den Putzresten: Krasnodar, Sotschi, 88-90; die unsichtbaren, ungehörten Geschichten, die einen Treibköder hinterlassen haben: Vorübergehender, sieh! Zaungast, lausche! Und ich bewege mich nicht; es ist die Stadt, die leise bebt und sich davonzustehlen versucht, die plötzlich Umrisse bekommt und Fäden kappt, die von ihrem Körper in einen anderen Körper liefen – Verletzungs-Rand,

angefrischt vom Schnittwerkzeug der Erinnerung, das unsere Welt erst sichtbar (und zu einer Insel) macht. Die Zweite Sonne scheint, die der Landschaften, in denen wir unsere Doppelgänger sehen, die das vergessene Taschenmesser am Beckenrand des Bachmannbades in Bühlau beleuchtet, wo heute Eichelhäher fliegen und ein Waldseilpark auf Kinder wartet. Zweite Sonne, die den Alberthafen mit den Geräuschen der Kohlenträger füllt, jener Männer mit schwarzweißen, glänzenden Oberkörpern, die die hitzeknisternden Rupfensäcke von den Prähmen wuchten und mit einer Schulterdrehung auf die unter den Zentnern schwankenden Framo-Lastwagen loswerden; Zweite Sonne, die mir den Weg dieser Kohlensäcke (Auspuffgekrächz und Motorenasthma den Mordgrund hinan) ins Lazarett zeigt, wo die Kalte Klawdia den Fahrern das Tor ins Innere von Dresden öffnet. Auf Meinholds Landkarten, aus dem Antiquariat P. Dienemann Nachf. oder Adler in Blasewitz gefischt, gab es unvermessene Zonen, in die wir die Sonden unserer Neugier bohrten, dankbar für jeden Hinweis, der geeignet war, eine Kapillare Wissen in das Weiß hineinzutreiben, um seine Kompaktheit aufzubrechen, es in begehbarere Stücke zu zerlegen, der Härte seiner Fremd- einige Grade Vertrautheit abzuschmeicheln.

… Evana Mieder: Die Teufelsbrüderbande war den »Mosaik«-Heften von Hannes Hegen entstiegen, deren Weltraumserie noch in so manchen Gemälden der Leipziger Baumwollspinnerei spukt, und drückte sich, neugegründet auf dem Dachboden der Stadtteil-Kohlenhandlung über einer Versammlung schimmernder Brikettwaagen, am Schaufenster der Miederwarenhandlung die Nasen platt, bis uns Inhaberin Ruth Vogel, nach der das Geschäft Busen-Vogel genannt wurde, hineinbat und erste Auskünfte über Körbchengrößen, stoffliche und sonstige Beschaffenheit dieser den Frauen vorbehaltenen Kleidungsstücke erteilte mit dem Ernst der Siegesgewissen und der aufrichtigen Humoristen.

Die Straßen der Kindheit wiederzusehen, heißt, das Exil ohne Wiederkehr anzuerkennen, den Abschied, der uns für immer aus den endlos scheinenden Sommern der Abenteuer entfernt. Jene Ungeheuerlichkeit und Niedertracht der Zeit, die darin liegt, daß ich die Angestellten des

Friseursalons Harand nicht erreichen kann, obwohl ich sie wie leibhaftig und berührbar agieren sehe, als wäre ich selbst in diesem Moment der ängstlich unter Friseurschürze und Halsriemen atmende Junge, dem man mit einem von Friseur-Europa- und Vizeweltmeister Rehn, Oskar-Pletsch-Straße, geborgten Rüffel »Halt Er Seinen Wirsing still« beizubringen gedenkt, daß all die Ablenkungen ringsum nicht für ihn gemacht sind, daß die Geschichten des Generals Paulus von den Schlachten im Osten nicht für seine Ohren, sondern für die Gespenster der gefallenen Kameraden ausgesprochen werden, die der General auferstehen sah aus den Gemetzeln und dem Sterben in Stalingrad, wo es keine heldische 6. Armee, wie Propaganda gelogen, sondern nur arme Teufel gegeben hatte, die nicht wußten, wofür sie in Schnee und Kälte und Hunger eigentlich verreckten; des Generals lichternde, die Decke des Friseursalons abtastende Augen, mit deren Bildern, zugeschwemmt von Rasierschaum und Haarwaschmittel, er allein blieb. Er starb 1957. Man erzählte von seinen Erzählungen. Mitten im Sahneweiß der von Meister Harand persönlich zu feinster Steife geschlagenen Creme arbeitete eine der Brasilrauchschrauben von Zigarren-Ziegenbalk am Schillerplatz, taktete auf und nieder im oft stockenden Fluß der Kriegsgeschichten. Für eben sprießende Bärte, die anläßlich einer Jugendweihe oder Konfirmation dressiert werden mußten, schlugen die Gehilfen den Schaum in einer En-gros-Schüssel; für die Stammkunden, zu denen auch der General zählte, gab es die mit Namensschild reservierten Schälchen mit blauen Schwertern, die neben den entsprechend reservierten Rasierpinseln auf einem Bord gegenüber den Spiegeln, zwischen Fotos luftiger, im unnachahmlichen Schmelz der Barytpapierfotografie gebannter Blumengestecke aus dem Atelier Basarke aufbewahrt wurden.

… Evana Mieder: Bewundernswert war die Widerstandskraft eines solchen Geschäfts unter den Großlasten jener Jahre, die man mit »Völker, hört die Signale«, Waldsterben und Atomkrieg bezeichnen kann, die geradezu schöngeistige Liebe zu Stoffkuppeln und -kegeln, die hinter Glas in Schränken als seidenleichte »Hebt die Gefallenen«-Riegen auf weibliche Kundschaft warteten, von der wir, die Teufelsbrüderbande, erotische Fatamorgana-Vorstellungen hatten, wenn wir in einer Umkleidekabine lauerten und das nachwehende Klingklang der Eingangsschelle mit dem Anhauch aus Lockungen duettierte, fallschirmhaft langsam an unsere gierigen Nüstern sinkenden Düften, die aus einem der orientalisch anmutenden Parfumzerstäuber bei Harand oder aus dem Kosmetiksalon Nofretete stammten; verführt und ohnmächtig dem Brodeln unserer Sinne ausgesetzt, verharrten wir, bis die Echos des Tritt näher! (dieser beflissenen, gleichsam teppichausrollenden, für die Umschlagplätze des Genusses so charakteristischen Einladung) irgendwo in den von Strumpfknistern umspielten hochhackigen Schritten kapitulierten, die dann mit der Stille des Geschäfts und unserer Reglosigkeit allein blieben. Schon fragte die Verkäuferin nach dem Begehr der Kundschaft; ich fummelte an einem der Warenmuster herum, die uns Frau Vogel, aus Mitleid mit pubertären Nöten und um unser Lauschen hinter einem Vorhang, der so eindeutig zu fremdem Gebiet gehörte wie hier, mehr zu ermöglichen als zu rechtfertigen, gegeben hatte; und als ich es nach lautloser Klärung der Hackordnung wagte, den Vorhang so weit beiseite zu ziehen, daß ich einen Blick auf die Verursacherin meines Herzklopfens (welch Wunder, eine Frau) erhaschen konnte, sah ich die Kalte Klawdia von imposantem Körperbau, die in einem melodiös geschwungenen Deutsch voller glockiger Konsonanten nach einem Sondermodell, der »Großen Extra Hebe« (»Chebe«), verlangte.

4

Amann, »Kerfe des Waldes«, Neumann Verlag zu Radebeul: Die Fraßbilder des Ulmensplintkäfers und des Buchdruckers, vielarmige, ins Holz geschürfte Spindeln, ließen mich an den Elbhang denken, wo die Häuser über unsichtbare Nabelschnüre mit einem Zentrum, einem Mutterkuchen, verbunden sind (immer wieder grüble ich über den Namen dieser Plazenta nach: Heißt sie Erinnerung an das von Denkmalpflegern allzusehr mit der Kosmetik der Wünsche gesalbte alte Dresden, heißt sie Das mögliche Leben, DIE ITALIENISCHE IDEE?); ein Nervengeflecht aus Beziehungen, Gesprächen, Pilotprojekt der Sonnenuhren und eines vom Werden und Vergehen der Natur inspirierten, mehr den Äpfeln, Birnen, Quitten als den abstrakten Begriffen zugetanen philosophischen Sinns: Diogenes mit seiner Tonne hätte sich hier wohl gefühlt, Kant, glaube ich, nicht. Es ist dieser Sinn, der hin und wieder von der Komik der seltsamen Tatsache ergriffen ist, daß wir auf einer Kugel durch Sternnebel und Finsternis einer Glutriesin in immer enger geschnürten Kreisen zusausen, der weiß, daß uns die Erde ernährt und nicht der Supermarkt, daß für einen neuen Menschen zwei andere wenigstens für eine Sekunde zusammenpassen müssen – und der, indem er das Buddenbrooksche »Kurios, kurios!« kennt, seine gehütete, von Spott umzingelte Achtung den verstreuten, aber schon von einer einzigen Türkenbundlilie angezogenen Paradiesscherben der Erinnerung zuwendet.

Ich gehe weiter, die Geschichten folgen mir. Sie sind wie jene Katzen, denen ich im Viertel begegnete und die nicht wegliefen; sie ließen sich streicheln und blickten mich so vertrauensvoll an, als wäre ich ihr eben gewählter Stellvertreter bei den Menschen. (Illusionen … wahrscheinlich roch meine Hand noch nach der Salami »Romantica« der Fleischerei Müller oder nach der berühmten Honigfeigenpastete der Fleischerei Vogelsang, für die Kater Chakamankabudibaba eines Tages durch ein geschlossenes Wintergartenfenster im Tausendaugenhaus sprang.) Aber Tage sind nicht homogen, sie bestehen aus Zeit-Archen, die womöglich nicht einmal zu einem gemeinsamen Hafen segeln, und Zeit-Ländern mit fremden Einsprengseln, wie Menschen, und so kommt es, daß ich gerade »jetzt« die Gischt aus Motorengeräuschen höre, das halbwache Geflirr von Bäumen, die in den kalten Tagen des Vorfrühlings sich an die warmen des Mai erinnern, die Stimmen, eine schüttere Brandung, die aufkommt und verlischt, wie es in einer Stadt an einem nicht mehr zufrierenden Fluß wohl sein muß. Das Vorüberspielen einer Lieferwagenmeinung, dies stämmige, amtliche Salbadern, das soviel von der Wirklichkeit meldet, weil es scheinbar ganz und gar für sie bestimmt ist, ruft in mir sofort seine Vorgänger wach, die haptische

Verzauberung, wenn man an einem Vormittag in den Sommerferien den vollblütigen schwarzen Lack eines alten Wartburgs oder eines F9 (wohin sind eigentlich diese Fahrzeuge verschwunden? ich glaube nicht an die Allmacht und Empfindungslosigkeit der Schrotthändler) berührte, dann die schweißige, klare Handfläche auf die Flanke eines solchen Wagens legte, so daß, in der sonnenbestrohten Schwärze unterhalb einer Klinke (die mich an die des gutmütigen Kühlschranks meiner Großmutter denken ließ) eine zweite, die Kinderhand bis in die Scherenschnitt-Kontur ausgießende Schwärze erschien, ein leuchtendes, sich selbst völlig genügendes Klavierschwarz, das satter war als das der Zylinder, uneroberter als das der Schallplatten und schlackenloser als die Pechschicht in einer abgekühlten Teertonne auf einer morgendlichen Baustelle. An einem dieser Sommertage, die sich schon neigten und wie große schwerkräftige Zeiger zwischen den Ansprüchen von Arbeit, Nachhausekommen, Besorgungen, dem ganzen Kram, der wegzuräumen war, bevor man aufatmen konnte, und der Aderstruktur eines Ahornblatts in den Gegenblenden der beginnenden Ruhe, der Freiwilligkeiten gelassen stehenzubleiben schienen, öffnete ein Mann die Balkontür im ersten Stock des Lazaretts, ein Offizier vermutlich, denn er rückte sich einen Stuhl an die verrostete Brüstung. Das Zimmer ragte unter einem zugenagelten Ochsenauge an der Ecke zwischen Bautzner- und Stechgrundstraße vor und blickte auf die Schienen der Linie 11, das verblühte Haus Gäbler, die Rückfronten von Sanatoriumsvillen, in denen ebenfalls sowjetische Offiziere wohnten. Auf den Stuhl stellte er, ich sah ihn im Unterhemd und mit baumelnden Militärhosenträgern, ein Grammophon und legte Hans-Hendrik Wehdings Intermezzo zum »Goldenen Pavillon« auf, das im Sender Dresden lief, danach Albers' »La Paloma«, dem das Femme-fatale-Timbre der Zarah Leander folgte, deren von Schlenkern und wildem Sentiment durchschabtes »… Wu-hunder gescheehn« einsam, nur von Zigarettenrauch begleitet in die Sommerdämmerung schallte, bis der Mann die Platte abrupt vom Grammophon nahm und gegen eine russische Volksweise tauschte, die wir später als »Blaues Tüchlein« von einem der Wachhaltenden am ehemaligen Haupteingang des Sanatoriums identifiziert bekommen würden.

… »jetzt«, wo an der Haltestelle der 11 ein Angestellter von JC Decaux die Schaufensterfront hochklappt, um mit unbeteiligtem Gesichtsausdruck und einer wie von selbst geschehenden Säuberlichkeit ein Werbeplakat gegen ein anderes auszuwechseln, so daß ich zum ersten Mal sehe, wie verloren und bestohlen ein solches Druckerzeugnis auf dem Boden liegen kann, geknickt und bald von niemandem mehr beachtet, bis es in irgendeinem wahrscheinlich steuerlich absetzbaren Schredder vernichtet wird; »jetzt«, wo der JC-Decaux-Mann ein merkwürdig breites Messer zieht und den Klebefilm, der die neue Rolle zusammenhält, durchtrennt, blenden sich, indem ich Werner Harand eine der gutgehüteten blaugepließteten Solinger Vollhohlschliff-Klingen zur Demonstration der korrekten Naßrasur an einen eingeseiften Luftballon legen und mit einer der geübten Prägnanz des Plakatwechslers nicht nachstehenden Schnittführung einen Streifen glattes Grün zurückerstatten sehe – blenden sich jene von ineinander übergehenden Licht-und-Schatten-Koronen verklärten Gesichter, die eine klassisch orientierte Porträtfotografie überliefert hat, in die Vorstellung der Jahrestiefen, Galerien eines »Gewesen«, von dem nur ein paar Namen und in Engrammen gefangene, zufällige Gesten bleiben (»ein ganzes Leben«), an denen, durch nichts als mündliche und flüchtige Transits, Reste mythischen Geschehens haften; unbestimmt, wie die Fahrt eines Schnellzugs dem Passagier in den flachlandrepetierenden, ein um das andere Auch-Bewohnt-Gebiet ausspielenden Erdkundestunden zwischen Abreise und Ankunft erscheint – bestimmt, indem ich die rote Flagge, Zier des Turnvereins, über den Tennisplätzen an einem der so dresdnerischen Frühlingsmorgen, die nach Sauerampfer schmecken, steigen sehe, und dadurch auch das »Foto Kino Optik«-Schild von Foto-Wolf, dessen leicht schräg gestellte, kakaobraune, geschlitzte Buchstaben mich mit irgendwo, vielleicht in den Vorratskammern eines Großen Zuhauses, sorgfältig aufbewahrtem Glück erfüllen: wie jeder Mensch, und erst recht hier, im Viertel meiner Kindheit, bin ich von gestern.

Neustadt Louisenstraße 2010

5

Dresden ist ein langer Blick zurück, Gegenwart nur die Wasseroberfläche der Vergangenheit, die steigt und steigt. Am Hauptbahnhof anzukommen hieß, für mich, Dresden an seiner ungedeckten Flanke zu betreten. Daß hier etwas nicht stimmte, spürte jeder, der einigermaßen musikalisch war und ein Gefühl für Proportionen mitbrachte – die neue Prager Straße war eine zugige Magistrale, gedämmt von Plattenbauklötzen und Scheibenhochhäusern, überschießendes Narbengewebe, dessen Weiß wohl nicht zufällig dem der Radiergummis ähnelte. Lenin, aus karelischem Granit, blickte fest in eine ungewisse Zukunft, sekundiert von Bundesgenossen hinter ihm; der Sozialismus, der soviel Wert auf die Gleichheit aller Menschen legte, kannte, was seine Führer betraf, immer Hierarchien, feine und weniger feine. Vor dem Jungen, der ich war, öffnete sich ein Wald aus Leninstatuen von Magdeburg bis nach Wladiwostok, von den Inseln im sowjetischen Polarmeer bis nach Kuba und Vietnam. Lenin, Marx und Engels in tausendfacher Kopie, Khans der Tatarenstädte, in denen der Neue Mensch leben sollte. Meine Eltern und ihre Freunde hoben sich die Beilage der »Sächsischen Zeitung« auf, in der das sozialistische Dresden projektiert war. Sie werden die Stadt endgültig umbringen, sagte Niklas, sie werden alles beseitigen, was an früher erinnert. – Heute sehe ich den Glasbarren eines Fitneßcenters, das Pullman-Hotel, vormals »Newa«, das neue Kugelhaus, das nicht so recht akzeptiert wird (weil es keine richtige Kugel sei), die Baugrube am Wiener Platz, für die sich offenbar kein Investor findet. Die Frau auf dem Wandbild »Dresden grüßt seine Gäste«, am einstigen Selbstbedienungsrestaurant Bastei, schwenkt noch immer einen Blumenstrauß – für eine Wand. Die Prager Straße ist nicht mehr die sibirisch weite Fußgängerzone meiner Kindheit, doch die Lange Zeile an der Petersburger, früher Leningrader Straße, einst vielbeworbene zentrale Wohnmaschine, weiß mit ihrer Monumentalität so wenig anzufangen wie je. Strenge, abweisende Kontur, mehr Geometrie als lebendige Form. Manche Architekten sahen und sehen das anders, nennen das Ensemble der neuen Prager Straße spielerisch, betrachten es als fortschrittlich, als städtebauliche Glanzleistung aus dem Geist des Aufbruchs, nachempfunden der Rotterdamer Lijnbaan. Stephan Braunfels, Erbauer der Pinakothek der Moderne in München, meint, daß mit der Prager Straße einer der besten Stadträume nicht nur des Nachkriegs, sondern des 20. Jahrhunderts geschaffen worden sei. Mag sein. Es kann an mir und meinen Bekanntschaften liegen – ich erinnere mich an niemanden, der diese Prager Straße geliebt hat. Das scheint sie mit der heutigen zu teilen, die sich den Vorwurf seelenloser Verkaufsarchitektur gefallen lassen muß. Als ob die Prager Straße des Vorkriegs keine Verkaufsarchitektur gewesen wäre. Der Einwand lautet: schon, aber sie war nicht seelenlos. Was die Frage aufwirft, wodurch und ob Architektur den Zwecken früher besser entkam, ob sie geliebt werden muß und – das teilt sie mit jeder Kunst – für die vielen oder für die wenigen sein sollte. Geliebt wurden die Kastanienbäume (längst gefällt) und der Pusteblumenbrunnen von Leoni Wirth, von dem nur noch drei Sprühköpfe übriggeblieben sind; Verstümmelung und Ignoranz existieren zu allen Zeiten.

6

Streng nach der Fibel des Hotel- und Gaststättenwesens, »Gekonnt serviert«, lernte meine spätere Frau im Restaurant »Wrocław« das Handwerk des Gedeckauflegens und der Menagebereitung bei einem befrackten Herrn, dem Oberkellner Glücklich. Ein penibler Mann, er »ließ nichts durchgehen«, wie so mancher Dresdner in gehobener Zwischenposition. (Vielleicht ist das eine mehr oder weniger instinktive Abwehr: Schönheit – wie auch das Recht, über ihren Verlust zu klagen – will verdient sein; wo sich die Musen ausruhen, weil sie zu Hause sein dürfen, muß unnachsichtige Strenge walten. Eine Art Kompensation, begründet in Scheu und dem Gefühl, trotz allem noch einmal davongekommen zu sein: Dresdner sind nüchtern, doch abergläubisch.) Die jungen Auszubildenden – schreckliches Wort übrigens –, die damals Lehrlinge hießen, hatten sich in Reih und Glied aufzustellen: korrekte Kleiderordnung? Nähzeug und Sicherheitsnadeln dabei?

(platzende Nähte bei dicken Bürgersgattinnen waren vorgekommen), gewaschen, gekämmt, Schmuck entfernt? Männerohrringe waren Oberkellner Glücklich ein Graus. Zärtlich ausgetüftelter Zwirbelbart, gepflegte Vokuhila-Frisur, Brillantknopf im Ohrläppchen – streng war auch Herr Durst, Oberkellner Glücklichs Kollege. Seine Lieblingsübung hieß Auflage des Hummerbestecks, und er philosophierte lange über das in der Ostsee nicht vorkommende Tier und sein schmackhaftes Fleisch. Er konstruierte, nachdem er Studien in verschiedenen Zoos betrieben hatte, rote Modell-Hummerscheren, um den Lehrlingen das entsprechende Aufbruch-Gefühl bieten zu können. Bitte, nehmen Sie die Bestellung auf, Fräulein Zimmermann! wies Herr Durst an. Der erste Kognak – immer von rechts servieren! – geht daneben, der Gast, offenbar begeistert über Fräulein Zimmermanns Erscheinen, schleudert mit impulsiver Geste das Glas vom Tablett, Gast und Lehrling kriechen unter dem Tisch umher, es bleibt beim Sie. Fräulein Zimmermann trug dunkelblaue Kleidung, zugemessen in der hauseigenen Schneiderei des Restaurantkomplexes. Ein Kellnerportemonnaie und, vorkommender Laufmaschen wegen, ein Paar Ersatzstrümpfe, fleischfarben, waren selbst zu stellen. Die Tischtücher wurden waffelsteif gemangelt, die Ecken justiert. Lange dachte Oberkellner Glücklich über eine genaue Bezeichnung dieser Tischtuchecken nach, die er mit dem Zollstock prüfte und die für das internationale Restaurantwesen von so sichtbarer Bedeutung waren, taufte sie, nach einer Sitzung der Quitten-Gesellschaft, die einen Papierkorb voller Konstruktionsskizzen hinterließ, Drachogramme, denn verschiedene andere Namen wie Raute oder flachgeklopfter Tetraeder, Kronleuchterkristall in Draufsicht und Vogelschnabelecke erwiesen sich als unzutreffend. Oberkellner Glücklich schob eine Postkarte hochkant zwischen Besteck und Teller, nur wenn sie lotrecht stehenblieb, war der Abstand korrekt. Salz- und Pfefferstreuer mußten auch innen, über dem Gewürz, blitzblank geputzt sein, Füllstand ¾. Sie werden plaziert! Dafür gab es eine Platzanweiserin, deren Aufgabe darin bestand, die Gäste des »Wrocław« zu ihren Plätzen zu geleiten. Die Nachttanzbar hieß »Mazurka«, der Restaurantkomplex »International«, Möbel aus den Hellerauer Werkstätten, Flitter- und Straßleuchter im Geschmack der frühen Siebziger, Clubsessel, Aschenbecher mit Senkstiel, umlaufender Ornamentfries an den Wänden, das Gebäude neben dem »Centrum«-Warenhaus mit seinen Blechwaben, heute alles abgerissen.

7

Prager Straße: Zeit, die sich aus Zeit entpuppt wie Töchter aus den Matrjoschkas, die in den Vitrinen der Direktorenzimmer, der Brigadeklubs, in den Kulturhäusern ihre deutsch-sowjetische Freundschaft verdämmerten; Heinrich-Mann-Buchhandlung, Damen-Herren-Ausstatter, HO Kaufhalle, die fünfundzwanzig Meter mit Gardinen zugehängte Fensterfassade eines Friseurladens, die Musikalienhandlung (»Musikinstrumente aus der DDR – weltbekannt«), im Auslagen-Gähnen »Rhabarbergeigen«, billige Anfängerinstrumente, die vor Zuversicht glänzten, obwohl sie Relikte einer Kultur waren, die von offizieller Seite mindestens scheel angesehen wurde. Prager Straße, Wind, Kindheit, wo der Junge, der ich war, an der Hand seines Vaters geht, hinter uns die Interhotels, die an einem sonnigen Oktobertag Maß nehmen, Vater in einer Kabanjacke, Frisur der siebziger Jahre mit Wellscheitel und langen Koteletten, das herrische Weiß der Flaniermeile, einbetonierte Blumenrabatten, die Tulpen nach Farben getrennt. Im Hintergrund das Rundkino, umlaufende konzentrische Gitter, in den Schaukästen Filmplakate mit Altersfreigabeempfehlung und dem Zeichen des »Progress«-Filmverleihs; das Gebäude wirkt, als wäre eine schwarzweiß gestreifte Puderdose als Raumschiff gelandet. Der Junge hat, nach inständigem Bitten, eine gelbe Plastschere bekommen, die an einem Stand für Solidaritätsartikel zwei Mark gekostet hat, dazu einen Wollfaden, an dem sie versagen wird, was nichts ausmacht, der Junge auf dem Foto lacht. Bommelmütze und gestrickte Hosen wirken lächerlich, was dem Vierjährigen wohl noch nicht bewußt sein kann. Vater dreißig Jahre, Assistenzarzt an der Medizinischen Akademie, wohnhaft zu Blasewitz, Nähe Waldpark; was mag der Mann mit den hageren Zügen, der den Fotografen skeptisch und prüfend anblickt, denken? Daß ein

Lahmanns Sanatorium 1994

Lebenslauf davon abhängen kann, daß eine Kleinigkeit so geregelt wurde und nicht anders? Daß jemand fürsorgliche Eltern hatte und nicht gleichgültige? Daß jemand Verantwortung übernimmt und das Risiko, einen Ratschlag zu geben? Vater wollte Journalist werden. Beim Eignungsgespräch am »Roten Kloster«, wie die Leipziger journalistische Fakultät genannt wurde, verwickelte ihn der spätere Herausgeber und Chefredakteur der Zeitschrift »Die Weltbühne«, Hermann Budzislawski, in ein längeres Gespräch: Mit Ihren Zensuren wollen Sie wirklich in den Journalismus? Überlegen Sie, es kostet mich einen Anruf, dann könnte ich Sie woanders vermitteln! Bemerkenswert, daß ein Ordinarius vor seinem eigenen Fach warnte. Vater blieb stur – und hatte sich als zukünftiger Journalistikstudent für ein Jahr »in der Produktion zu bewähren«. Er kam nach Hoyerswerda in einen Tagebau, in das berüchtigte Tausendmannlager, hatte am Tag seiner Ankunft auf die Beerdigung seines Vorgängers zu gehen. Diebe, Trunkenbolde, angehende Studenten der Hochschule für Ökonomie in Berlin-Karlshorst, Journalisten und solche, die es wie mein Vater erst werden wollten, Insassen von Jugendwerkhöfen, FDJ-Brigaden, idealistische Mädchen, die bald schwanger wurden, teilten sich die Arbeitsplätze mit den »Maikäfern«, Sträflingen, die einen phosphoreszierenden Streifen auf dem Rücken trugen; die Maschinisten stopften für sie heimlich Zigaretten unter die Gleisschwellen. Vater arbeitete mit dem König der Schlüssel, einem fingerfertigen Einbrecher, der es später noch weit bringen sollte. Wollte die Nachtschicht schlafen, stand die Frühschicht auf; die Frühschicht kam nicht zur Ruhe, weil die Nachtschicht aufbrach, den Rest besorgte der Lagerfunk. Wenn es regnete, versank alles im Schlamm. Immer wieder fiel nachts jemand beim Versetzen der Bandwalzen auf den Förderbrücken die sechzig Meter in die Grube hinab. Immer wieder staute sich Schlamm unter den Walzen, mußte herausgekratzt werden. Eines Tages geriet Vaters rechter Arm zwischen Förderband und Walze, die Stromunterbrechung mittels Reißleine versagte, der Gummi zerfetzte die Unterarmsehnen. Vater wurde Volontär bei den »Sächsischen Neuesten Nachrichten«. Die Redaktion hauste in einer gemütlichen Villa in der Antonstraße. Die Zeitung wurde noch im Bleisatz gesetzt, in der Nähe des Kraftwerks Mitte, dessen vier Schlote über der Stadt wie die der Titanic rauchten. Der Chefredakteur harrte aus, am Fernschreiber, über den die Direktiven aus Berlin kamen, manchmal bei der Staatssicherheit, immer in der Zone der Genitive: der Einhaltung der offiziell gewünschten Formulierungen, der Beachtung der Artikel-Spaltenbreiten, der Sicherung der Anzahl sowie des Vorhandenseins bestimmter Fotos der führenden Vertreter der Partei der Arbeiterklasse. Die Kulturredakteure harrten ebenfalls aus, versuchten das Ihre, entwickelten die Kunst der leisen Subversion. Mit Hans Böhm, Kurt von Rudloff, Wilhelm Hübner, Ingrid Wenzkat, Emil Ulischberger, Siegfried Thiele, Margarete Wagner (»Git«), Heinz Weise, Gottfried Schmiedel, Fritz Löffler (»Lö«) verfügten die Dresdner Blockparteizeitungen über eine Kunst- und Musikkritik, die ihresgleichen suchte und das Pendant des Ostens zur Kulturredaktion der »Süddeutschen« unter Joachim Kaiser war. Ausharren: So hieß der vergiftete Honig, die Speise des Überlebens. Eine Redakteurin harrte am Telefon aus, nachdem sie versehentlich aus der »fruchtbaren« eine »furchtbare« Zusammenarbeit gemacht hatte; Vater beschloß, die Redaktion nie wieder zu betreten, und wurde Hilfspfleger im Krankenhaus Dresden-Friedrichstadt, auf der Krebsstation, wo nur wenige arbeiten wollten; die Patienten bekamen von den Bestrahlungen Wunden, in denen die Knochen freilagen. Der Chefredakteur der »Sächsischen Neuesten Nachrichten«, Morgenstern, kehrte die Arbeitsflucht großzügig unter den Tisch. So konnte der junge Ex-Volontär in Leipzig Medizin studieren. Er träumte davon, eines Tages mit seiner Tochter über die Prager Straße zu flanieren und mit ihr einkaufen zu gehen, womöglich sogar einen der begehrten Plätze des Eiscafés zu ergattern. Vom Bummeln auf der Prager Straße träumten viele Dresdner, es war ihre Vorstellung von Luxus. Das »Haus des Lehrers« an der Nordflanke der Magistrale wurde nie gebaut, die Gelder flossen in den Braunkohleabbau der Lausitz. Vielleicht dachte Vater daran, im Moment der Aufnahme, die ihn so nachdenklich zeigt. Nun ging er mit mir. In dieser hellen Hose mit Bügelkanten, der dunklen, großknöpfigen Jacke wirkt er wie ein Marineoffizier oder Schiffsarzt; noch in der Generation seiner ärztlichen Lehrer hatte das Anmustern zum guten Ton gehört, und in Dr. Sperling, Fahrensmann unter dem cholerischen Kapitän, der auch an einer Londoner Klinik als Chirurg

Sir Lancelot Spratt wirkte, erkannten sich Vater und seine Freunde wieder. »Doctor at Large« und »Doctor in the House« genoß eine Verehrung wie sonst nur noch die »Olsenbande«, »Oh, diese Mieter!« oder »Das Krankenhaus am Rande der Stadt«. Oktober 1972, ein Foto auf Orwo-Schwarzweiß, ein Augenblick gebannte Vergangenheit mit zuviel Alltag und Beiläufigkeit, zuviel Gefangenschaft, um mich unberührt zu lassen.

8

Hauptbahnhof: Wartete man auf die 11, stand man zwischen oberirdischen Gleisbrücken, sah auf das flache Maul des Osteingangs und auf die Gagarinstraße, von der sich die Bahn nähern würde, an der Russischen Kirche vorbei, der Technischen Universität, die einen Zinnenkranz auf einer Art von Dresdner Sperlingsbergen bildete, tausendfenstrigen Hochhäusern, der diktatorischen Fassade der Hochschule für Verkehrswesen. Die 11 querte die Elbe über die Marienbrücke, ließ die Yenidze-Zigarettenmoschee links liegen, das Kraftwerk Mitte hinter sich, Friedrichstadt, Spirituosenfabrik Bramsch, das saurierhafte, aschbraune Dresdner Kühllager mit Fassadenrelief »Im ersten Jahr des Fünfjahrplans erbaut«; fuhr von der Alt- in die Neustadt. Anton- / Leipziger Straße werden wir in die 4 umgestiegen sein, ein gelber Gothawagen, keine rotweiße Tatrabahn. Die 4 befuhr von Weinböhla bis nach Pillnitz die längste Straßenbahnstrecke Europas, man brauchte, wenn ich mich recht erinnere, gut zwei Stunden für die dreißig Kilometer lange Fahrt. Geräusche, Gerüche – im November die feuchtigkeitsschweren Mäntel der Pendler vom und zum Industriegebiet, der Angestellten des Arzneimittelwerks an der Leipziger Straße, der Geruch nach nassem Filz, Tabak und Wild, den die Uniformen der Offiziere beimischten, die vom Puschkinplatz kamen, vielleicht aus Holzgroßhändler Grumbts Prachtvilla, Kulturzentrum der Deutsch-Sowjetischen Freundschaft; Türen auf, Türen zu, über dem Ausstieg der Gothawagen ein Schriftzug »Halt! Ab Abfahrtsignal nicht aussteigen«, Schiebetüren, die ein gequältes maschinelles Weinen von sich gaben, wenn sie, bedrängt von ungeduldigen Fahrgästen, sich öffneten oder schlossen; die heftig das Feierabendschweigen zertrennende Klingel, ein Licht in Form eines orangefarbenen Zapfens leuchtete über der Tür auf, bevor die Bahn anruckte und sich, aus ihrer vorläufigen Ruheposition an einer Haltestelle, wieder in Fahrt setzte in den breitgewalzten, längst aus ursprünglicher Festigkeit, gewissermaßen dem Hochdeutsch der Trassenbaukunst, in einen schlenkernden Parcours, gewissermaßen das Sächsisch des Spurweitenverlaufs, geratenen Gleisen; über Kopfhöhe die Halteschlaufen, befestigt an Holzstangen entlang der Wagendecke, knautschten und knarrten in den Kurven vom Gewicht der sich anklammernden Reisenden, ein Geräusch ähnlich dem Jammern überlasteter Koffergriffe, die sich in der Trockenheit von Dachböden nicht zu erholen vermochten, bröckeliger wurden von Urlaub zu Urlaub, nur um von fürchterlich reisewütigen Absichten erneut ihrer Dunkelheit aus Staub und Stille, minierenden Käfern und der geduldigen Bautätigkeit jährlich wiederkehrender Wespenstaaten entrissen zu werden; ich hörte zu, wie die Bahn den Befehlen der Knöpfe und der Fahrkurbel folgte, deren vom Gebrauch dunkel glänzenden, birnenförmigen Holzgriff der Fahrer im Uhrzeigersinn drehte, wenn er beschleunigen wollte, und gegen den Uhrzeigersinn über die Mittelstellung, um die Bahn elektrisch abzubremsen; rechts neben dem Fahrer der Handbremshebel, dessen ockerbrauner Lack bis auf einzelne Sprengsel abgeplatzt war; Geräusche: das weiche Klirren, wenn der Fahrer diesen Hebel, als wäre es ein Pumpenschwengel oder eine Zurrvorrichtung, mehrfach vor- und zurückbewegte, um die Bahn bei Stillstand festzulegen – wenn er den Knopf oben am Hebel drückte und die Eisenstange in der Führungsfuge nach vorne schob, wurde die Bremse wieder gelöst –; Geräusche: Zeitungsrascheln und Husten herbstlich vergrippter Fahrgäste, Haltestellenansagen, die durch Sprach-Siebe kratzig und lustlos ins Wageninnere fielen, das Fensterchen oben in der engen, gardinenverhängten Fahrerkabine, die ein Vierkantschlüssel öffnete, blieb meist unverdeckt, ein Schriftzug »Gespräche mit dem Fahrer während der Fahrt verboten« drohte – aus dem »verboten« hatten Witzbolde manchmal »erbeten« gemacht –; ich stand gern an der Kabine und beobachtete den Fahrer, während draußen die Neubauten der Luxemburgstraße und der Straße der Befreiung zurückblieben, beobachtete seine akrobatischen Hantierungen, die sich mir, da sie vor einer Brotbüchse aus Weißblech, gesichert mit einem mehrfach geschlungenen Gummi, und einer Thermoskanne nötig waren, tief einprägten. Dimitroff-, heute wieder Augustusbrücke; die Altstadt taucht aus der Elbe, das von einem Venezianer gemalte Märchen.

9

Vielleicht hilft es, an einer Schmetterlingsklingel zu drehen, damit sich die Schimären wieder mit einer Wirklichkeit verbünden, die die Farben verbarg, in ein Dahinter der Wünsche und der Kompensation wies, eine Sehbahn der Vorstellung: damals in den Jahren vor der 89er Revolution. Heute sind die Farben zurückgekehrt, man hat sie aus dem hintersten Gedächtnis nach vorne geschöpft und gegen das Atlantis-Grau getauscht – nun hat diese unnachahmliche, schon ins Braun spielende Farbe im kostbaren und stufenreichen Spektrum der Asche den Platz in den Erinnerungs-Katakomben eingenommen und irrt vermutlich, ein ungeliebter Verfallsriese, durch die Ruinen des 13. Februar 1945, auf der Suche nach der ersten Stimme all der Echos aus jener inzwischen fast unausdenklich fernen Vorzeit. Immer wieder ging ich in Gedanken die Wege ab, die mich am sichersten in den Verbotenen Bezirk führen würden, wo der Wald und die Manöver der Tarnfarben begannen, wo ein Lichtkeil durch verzweifelt dichte Gewirre von Tannennadeln stach, Haarnadeln japanischer Fuchsfeen gleich, die verirrte Ritter zum Schloß im Spinnwebwald lockten. In der Zone, wo die Bunker nur erste Treppenstufen zeigten, von Mülltonnen camoufliert oder Wellblech, das zu einer Turnhalle zu gehören behauptete, in der Zone, wo im Moosboden Kanalisationsdeckel auf Tunnelsysteme hinwiesen, im Waldmeister verrostende Klaviere oder Betonpfeiler auftauchten, stacheldrahtbetreßt, und ein Schild vor dem Betreten warnte, wo Fahnenmasten scheinbar sinnlos auf einer von Schlangenbuchen gesäumten Lichtung standen und, sah man genauer hin, feingetarnte Lüftungsschlitze enthielten; in der Zone, wo der vor einer Bücherwand oder kreisenden Schallplatten zurückgelassene Körper leicht zu verhaften war, da Erinnerungen ihn zugleich preisgaben und erstarren ließen, abends, wenn in der Stadt Sandmann und die Tiefausläufer der zentralen Fernsehanstalt von Adlershof herrschten – in jener Zone begann die Verwandlung von Dresden zu Ander-Dresden, dazwischen die Schmetterlingsklingel. Sie war nicht leicht zu erreichen. Wer öffnete, wenn ich sie gedreht hatte? Noch heute höre ich das gedämpfte Schwirren, das der Schraubbewegung folgte, mit der man den Bakelitpropeller kreisen ließ. Tritt ein! wurde uns verheißen. Die Schmetterlingsklingel schien Späne von der Wirklichkeit abzuhobeln. Mit jeder Drehung kam mehr von der Tür zum Vorschein, ein schartiges, grünspanüberzogenes Luk, das wir, meine Freunde und ich, mit angehaltenem Atem durchkletterten.

… tropisches Gebiet. Der Hauptbahnhof eine Panzerechse, die von Süden die Stadt belagerte. Reglos verharrte sie, die Züge schienen aus ihr heraus- und in sie zurückzukriechen wie nahrungsuchende Zungen. Tasteten sie sich vor, den Rand zu berühren, die bröckelige, von Zeit und Wurzeln angegriffene Mumienhülle um die Stadt? Die Wächter hielten Wacht, die Hunde streunten in den Laufanlagen, die Ösen ihrer Ketten rieben am Führdraht, es klang wie geduldiges, tagein, tagaus, Wetzen von Messern. Oder war es ozeanische Dünung? Dresden hat Sehnsucht nach dem Meer. Der Name Seevorstadt, zu der die Prager Straße gehört, verweist auf Maritimes. Hiddensee und Darß wirken, wenn man sich im Sommer dort aufhält, wie Dresdner Stadtteile; daß sie exterritorial liegen, muß nicht verwundern angesichts einer Heraldik, die den markmeißnischen Löwen, ein ausgesprochen einheimisches Tier, im Schild führt. Ertönte der Ruf des Minol-Pirols, Vogel Schwarzgelb, Träger der Dresden- und Giftfarbe? Zaqaru, zaqaru … Babylonien und Assur wurden in den Gewitterblitzen über der nächtlichen Stadt sichtbar. Das Georgentor, die Treppe der Vier Tageszeiten, die Katholische Hofkirche gerieten ins Schlingern, unter ihnen brach der Boden auf, wankte, entließ die Faulgase der Sümpfe, auf denen die

Villa »San Remo« 1994

Stadt erbaut worden war; Drežďany: Wald- und Sumpfstadt, die Dresdner Wald- und Sumpfbewohner. Die Brühlsche Terrasse mit dem Ständehaus, in dem sich das Tierkundemuseum befand, schien den unausgesetzten Bemühungen des Flusses zu folgen, löste sich, drohte die Kunstakademie zu zerreißen, die Kuppel mit den Plisseerock-Rippen, Zitronenpresse genannt. Fama, das Altarlicht ihrer Flügel ein Fremdkörper, berührte mit einem Bein noch die Stadt, das andere trug sie in die Lüfte, Menschenleib-Insekt und Wolkenbotin über unseren Köpfen, zum Flug womöglich nie bestimmt, sondern gefangen im Augenblick des Abhebens, im heftigen und irgendwann ermattenden Schlag ihrer Schwingen, dieser Sieges- und Schwerkrafttransporteure, die Hypnosestaub zu den Häusern unten schickten. Pechfäden schnürlten vom Himmel, Schneeschatten – die weißen Flocken fielen zur anderen Hälfte des Monds von Dresden, der nun zu reisen begann. Seltsame Gestirne gingen auf. Auf dem Weißen Hirsch ließ Baron von Ardenne die Kuppeln seiner Sternwarten öffnen, um das, was vorübertrieb, in den Katalog des Phantastischen Universums aufzunehmen. Und er war nicht der einzige, Dresden bildete selbst ein Sternbild: das der Astronomie, der Orte ihrer Übung: Es hatte, bis zur Zerstörung in der Bombennacht, ein Planetarium an der Stübelallee, nahe dem Botanischen Garten, gegeben; die private Sternwarte von Frantz in Striesen, das markant geformte Observatorium im Beyer-Bau der Technischen Universität, Gotenburg- und Diesterweg-Sternwarte in Radebeul, die Schulsternwarte in Plauen untersuchten die Aufenthalte der Muse Urania. Immer wieder entdeckte der aufmerksame Flaneur einen ihrer scheinbar vergessenen Tempel: an der Eugen-Dieterich-Straße in Niederpoyritz, im Gönnsdorfer Land oberhalb von Dresden, im Gestrüpp von Elbhanggärten. Nebensonnen erschienen, blickten als schwarze Augen, kenntlich nur durch eine schmale Behörden-Iris, auf die Geschehnisse unter ihnen. Angesogen von den Kräften ihres Blicks brachen Gewächse aus dem Boden, kletterten über die Pflastersteine, die Treppenstufen zur Brühlschen Terrasse, füllten die Elbe, deren Wasser in dem Maß wegzusickern schien, wie die Schuppenbäume, Pfeilkrautgewächse, Luftwurzeln von Sumpfzypressen emporquollen und Fische hoben, bis ihr Leid in den Etagen der Pflanzen glänzte. Dann schienen sich die Reiter des Fürstenzugs zu beleben und auf eine eigene schönfärberische Sphäre zuzubewegen, halb angewidert von der Zugluft der neuen Wirklichkeit, halb geschmeichelt vom Vermögen ihrer aus Meißner Kacheln gebrannten Herzen, sie den Dresdner Tropen auszusetzen, an die Kraft ihrer wettinischen Hellebarden gegen die Bärlappe und Riesenschachtelhalme zu glauben. Die fleischfressende Gigantenblume aus einem tschechischen Märchenfilm, Adele, die noch nicht genachtmahlt hatte, mußte hinter der Rückwand des Ständehauses Quartier bezogen haben, ein pflanzliches, dennoch elektrisch arbeitendes Gehirn des Tierkundemuseums, das seine Tentakel nach den trüb gewordenen Schätzen meiner Sindbad-Stadt ausstreckte; nicht um sie zu verschlingen, sondern um die Trennung zwischen ihnen aufzuheben, kalt voneinander abgeschnittene Wirklichkeiten mit einer mehr parasitären Auffassung von Verbrüderung bekannt zu machen. Vorschläge, weiter nichts, und doch lag in dem ungehemmten Wachstum ringsum ein Bestreben nach Fairneß, sagen wir, Liebe – wie im Tanz von Freßfeinden. In den Zimmern des Tierkundemuseums saßen an diesen Abenden, wie Finnengewächse in Lungengewebe, mit Menschenhaut bespannte Wesen, die einen mir noch unbekannt gebliebenen Preis bezahlt hatten, um, hellwach und wartend, die Entführung kommen zu lassen, selbst wenn sie in Gestalt des vorsintflutlichen Vogels Greif erscheinen würde, der ein Raubnetz voller Gräber, Brücken, Plattenbauten, eine halbe ausgerissene Stadt zu tragen vermochte. Alles geriet in Bewegung. Das Verkehrsmuseum, eine gelangweilt welkende Blüte, entließ Velozipeds, den »Großen Hecht« und ganze Armaden jener verletzlichen Flugzeuge, die man noch einzeln lieben konnte, weil sie eher Flugsauriern als Maschinen glichen und nichts anderes zu sein vorgaben als der Gestalt gewordene Wunsch einer träumebegabten Seele, von Tollkühnheit mitgerissene private Mathematik. Ihre Flügel hatten noch Melodie; Firmament und Flieger (oder Fliegerin, wir hörten bald von Melli Beese) sahen einander mit Wohlgefallen an, bereit, die Gefahren nur persönlich zu nehmen. Rumplertauben, Doppeldecker trudelten durch einen Wald aus Tang, und während wir Platz auf einem der würzigen Ledersitze nahmen, streiften schon die Scheinwerfer von den Wachttürmen unsere Freude; sie vermochten uns zu folgen, das kränkte unsere nach Freiheit suchende Phantasie. So, Spielpunkte in den Diagrammen des Aberglaubens, gerieten wir ins Grüne Gewölbe, das damals noch nicht wieder seine angestammten Räume im Schloß bezogen hatte – das Schloß litt an rohen, zerstörten Flanken, aus denen, Fischbeinbögen in Glockenröcken ähnlich, Käfige aus Armiereisen ragten, vor der Zerstörung Dresdens mit Sandstein bedeckt wie die Knochen eines Säugetiers mit Fleisch; hier war es verbrannt, abgeschmolzen, die Blätter und Voluten abgeschält, bis auf das Stammhirn zurückgeschnittene Arabesken schönheitssüchtiger Augen. Das Grüne Gewölbe bot eine gute Probe auf die Durchlässigkeit der Zeit, deren Boden seit der Revolution von 1917 vermauert zu sein schien, da die neuen, offiziellen Rechnungen mit dem Petrograder Oktober ihr »A. D.« begannen. Wo es nur ein Vorwärts gibt, darf es kein Vorher geben – Revolution und Erinnerungen, Umsturz und Gedächtnis vertragen sich nicht gut miteinander. Mit der Vertrauensseligkeit unverbrannter Fingerspitzen näherten wir uns. Schwanken, Kreiseln, Beben hielten an. Wirklichkeit war in Schollen zerbrochen, die mit je eigenen Zeit- und Raumverträgen drifteten. Sesam, öffne dich: Über der feinziffrigen Skala des Alltags-Graus ging ein Regenbogen auf. Phantastisch eitel und überzüchtet wucherte die Ausstellung augustäischer Kleinodien, ein Meeresleuchten aus schrillen und gleichzeitig verängstigt wirkenden Absonderlichkeiten, gefangen in den Vorzügen der Kälte. Ihre Schüchternheit (sofern Dinge schüchtern sein können, waren sie es hier) hielt mich davon ab, in ihnen böse Spielzeuge zu sehen; ihr Barock barg, gut zugänglich und versorgt, eine erfindungsreiche Insel, auf der verrückte, aber energiegeladene Mechanikergenies die vertrauten Maße brachen, um, vielleicht, nur etwas zu erzeugen, das dauerhaft gegen den Stumpfsinn half. Wut und Verbohrtheit können in Glück umschlagen und Gelächter erzeugen, auf das es am Ende wohl ankommt – ob freiwillig oder abgenötigt, seine Voraussetzung war vorhanden. Ich sah Todesarten, in Anspruch genommen für nekromantische Gastmähler. Blutrote Korallen entsprossen, flackernd asymmetrisch, ansteckend wie Windpocken, dem Kopf und der kühlen Ruhe Daphnes. Aktäon, der Jäger, schien von roten Geweih-Wurzeln in die Lüfte gesogen zu werden. Wohin ich blickte – eine Hefe des Reichtums, bereit, im Zeitraffer zu quellen, Blütenaufbrüche abzufeuern wie Kanonen Salutschüsse, sobald ein Blickkontakt hergestellt war, Photonen aus einer Pupille zündeten. Ein sonnenköniglicher, in Nachtschattenlauge getauchter Geschmack erbrach seine Pretiosen; ich kannte das Bild, zu dem sie sich fügten, es entstammte dem Anatomiebuch meines Vaters und hieß »Der Homunkulus«. Es zeigte die kortikale Repräsentation von Bewegungen, die Proportionen des Menschleins waren grotesk verschoben: Ein Gesicht wälzte sich wie ein Stück Körperteig, am Daumen einer monströsen Hand hängend, mit losgelöster Zunge die Hirnrinde hinab, während Füße und Rumpf embryonal klein und lurchhaft blieben. Im Grünen Gewölbe wurde die Zeremonie zum Abbild der Welt – in ihrer komplizierten Mechanik griffen plötzlich Zahnräder ineinander, der Klang, den das erzeugte, wurde ein Concerto grosso von Georg Friedrich Händel. Gleichzeitig war ein ungeheurer Diebstahl im Gange: Die Schwerter des Hasses und des Ich-Ich fuhren aus den präsentierten Stücken, denn miteinander Gefechte um Aufmerksamkeit auszutragen versprach, hier, mehr als Zurückhaltung. Ornamente in derartiger Fülle verrieten an Schlangennestern geschulte Sinne, und der geradezu bergmännische Drang, in die Gebiete der Explosivgemische, der perfiden Vergnügen vorzudringen, das ganze wilde Gebastel um eines lieben kaulquappigen Lebens willen erschienen mir obszön – und gleichzeitig von brutaler Lauterkeit; Obszönität ist nichts anderes als die Hitze um den Bohrer, der das Gebirge auf der Suche nach Erz durchpflügt. Mich wunderte, daß hier nichts bodenständig war. (Das Bodenständige ist immer achtenswert – und verdankt der Realität zu viel; mit Konsequenz es wenigstens einmal wegzuhalten, kann die interessanteren Wirklichkeiten erzeugen.) Mich fesselte die deutlich spürbare Lust an der Anarchie, die als monstre sacré aus einem Schachbrett wächst, auf dem sich die Linien der Mondänität und der kraftvollen, dekadenten Fieber kreuzen. Mir imponierte der Wille, die Dinge vom Alltag freizusprechen. Denn Alltag derart zu übersteigern, hieß, Nützlichkeit einen Schmerz namens Schönheit abzufoltern. Ein Bergkristallpokal glich einem Schiff aus Spinnweben. Das Lederfutteral, in dem das Spinnwebschiff unfaßbare Reisen hinter sich gebracht hatte und ohne dessen Schutz es preisgegeben war wie ein frischgeschlüpfter Hautflügler, hatte Macht abgegeben, die Metamorphose vom Aufpasser zum Kameraden überstanden; war nun zur Würde eines maßgearbeiteten, nach all den Jahren lediglich verblaßten Schuhs gereift. Befragt nach den Wünschen, hätte ich hier noch nicht »Zeit« geantwortet. Ich spürte, daß eine Stadt durch ihr Lebendiges galt und Bedeutenderes umfaßte als ein Ensemble von Gegenständen, Lokalitäten und mehr oder weniger charakteristisch zu einem Stil zusammengefügten Steinen. Eine Stadt – eine Summe der Augenblicke, die blieben, an die man sich erinnerte; und wenn es im Grünen Gewölbe auch nur Dinge waren, so erzeugten sie noch immer ein solch stark beschwörendes Magnetfeld, daß sich die Gesten hinter ihnen nur einen Schleier entfernt vollendeten. Man konnte sie sehen, die höfische Gesellschaft, eine äquatorial üppige, untergegangene Zoologie, das Zeitalter der Prunkinsekten.

10

Mich faszinierte eine Kugel, in der August der Starke die Zukunft gesehen haben wollte. Als in Dresden Baumfarne wucherten, Meganeura-Libellen am Polizei- und am Telefonpalast vorbei durch Sumpfurwälder schwirrten, das Schilfland, von dem Neo Rauch spricht, sich noch nicht zurückgezogen hatte, im Dresden quallengroßer Schneeflocken, die sich still wie der Beginn von Verrat über die Stadt senkten, gehörten die Bilder nächtlichen Besuchern wie mir, sie hingen halbvergessen in den Radnetzen volkseigener Alarmanlagen, wenig beachtet von Touristen und Schulklassen, die zu Canaletto oder den drei Dresdner Frauenikonen strebten. (Sonderbar, daß sie die Heilige, die Göttin der Lust und die Dienstbotin darstellen. Sagt das etwas über die Psyche einer gewesenen Residenz?)

Raffaels Sixtinische Madonna im Dämmergrün aus Verklärung und Wagemut, mit einem Papst, der zu vermitteln versucht, auf die Betrachter des Tableaus weist und sie der Gnade der Unsichtbaren emp-

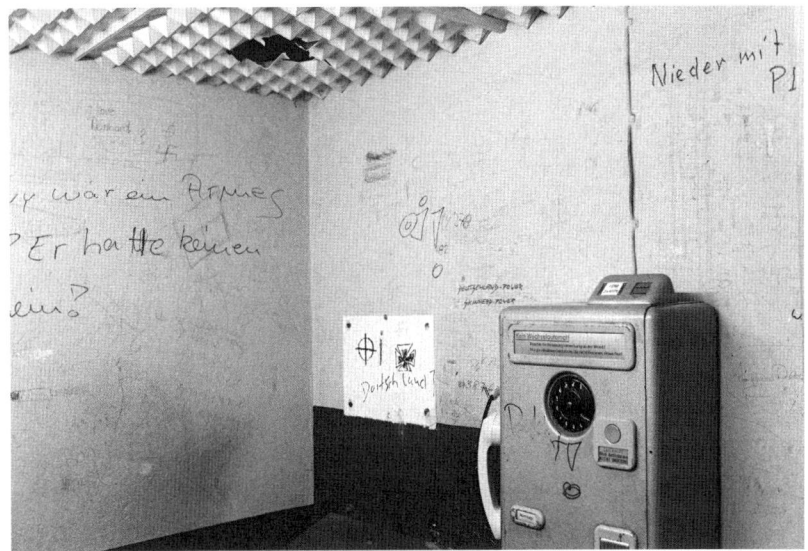

Telefonzelle 1992

fiehlt. Viel Weihrauch, aber: Jemand war weggegangen und nicht wiedergekommen, etwas Fernes versuchte den Betrachter zu erreichen, wohnte zurückgezogen und schien doch Anteil zu nehmen an allem, was außerhalb der Barriere geschah, auf der die beiden kessen Schelme lümmelten, altkluge Mitarbeiter der Obersten Verwaltung. Die himmlische Liebe. Die irdische, obwohl sie eine Göttin darstellte, hatte Giorgione gemalt, Venus in waffenstreckender Nacktheit, schlummernd in arkadischer Landschaft, nicht frei von Zumutung, da die Erfindung der Erotik in die Ansprüche des Bilds gewoben ist, dennoch, bei aller sinnlichen Herausforderung, von rätselhafter Aura. Je länger ich Giorgiones Venus betrachtete, desto bemerkenswerter schien mir, daß ihr, der Verkörperung der Lust, nichts Ordinäres, und Konkubinenhaftes nur für einen Wimpernschlag, zugemischt war, daß der Maler es verstanden hatte, sie als Frau nicht zu demütigen, obwohl er sie den Blicken von Zuschauern preisgab und ihre Linke den Schoß berührte. Sie hatte Würde. In dieser gemalten Sprache lagen Kennerschaft, Mut, Stolz auf Wirkliches, Verschwiegenheit, alle in ihrer unaggressiven Form; Verbündete der Zärtlichkeit, die ein Mann für eine Frau aufzubringen vermag.

Dix' Kriegstriptychon in den Neuen Meistern. Danach zogen mich die Stilleben in den Alten Meistern an und das Porträt des Charles de Solier, Sieur de Morette. Gartenstühle mit Sitzflächen, die Tamburinschatten hinterließen; die Untersuchung des Augenblicks, in dem es dem Narren gelingt, dem Tod von der Schippe zu springen, weil nur er den Herrn des Dunkels im entscheidenden Moment zum Lachen bringen kann; die Verkürzung des Lebens auf einen Gesichtsausdruck, so daß sich Fülle, Erwartungen, Ahnungen, Verdrängungen, das, was geschehen ist, und die Hellsicht, was kommen mag, in einen Augenblick bündeln, den der Maler zu erfassen verstand und Porträt nennen durfte: all dies wirbelte vorüber und begrenzte sich, hütete die Sekunde; eine Quelle, immer gleich und immer neu, so empfand ich vor dem Bildnis Charles de Soliers, Sieur de Morette, das Holbein der Jüngere geschaffen hatte. Ein majestätisch wirkender Mann, das schüchterte ein – und war nicht alles; de Solier, Kammerherr und Ratgeber eines französischen

Königs, Diplomat und Krieger, Botschafter in London, wo Holbein ihn kennengelernt haben mußte, strahlte die Anmut bedeutender Schachspieler aus, die plötzlich die Wege einer gewaltigen, nie dagewesenen Kombination im Dickicht des durchschnittlichen verwirrten Handelns aufleuchten sehen und mit der Intuition langer Erfahrung, dem Auge ihrer Gabe, wissen, daß die Zugfolge nicht nur glücken, sondern Gutes bedeuten wird. Ein ergrauter Vierundfünfzigjähriger steht vor einem Damastvorhang, der Falten aufwirft wie das Leben Fragen, und seine Farbe ist das Grün der Geheimnisse: Brunnenlicht in einer bestimmten Tiefe, Handy-Displays, der Park mit der Pforte zu den Intrigen. Urvasi, der mich mit de Solier bekannt gemacht und mich ihn nicht nur achten, sondern lieben gelehrt hatte (das mag reserviert klingen, doch mehr ist Macht gegenüber kaum möglich), betrachtete ihn, und nur ihn, oft mehrere Stunden, wies mich auf die ornamentale Verzierung des Stoffvorhangs hin, vielleicht um mich von der Schwarz und Weiß verführerisch trennenden Klarheit der geschlitzten Ärmel abzulenken, deren Kunst ich, in Urvasis Augen, noch nicht begreifen konnte, da ich zu jung war, um zu wissen, welches Können, welche Gemische an Vorkommnissen, welchen Mut es braucht, so klar und gleichzeitig abgründig im Offensichtlichen zu sein. Nach langem Schweigen äußerte Urvasi etwa: Ein Mann von Format, das gewiß, das verschollene Wort dazu lautet Edelmann, er ist selbst einer der Alten Meister, die doch auch einmal jung und neu gewesen sein müssen. Manche aber sind sofort klassisch, sie sind die Scharniere in der Zeit, der Bruch, an dem sich Vorher und Nachher plötzlich bemessen lassen. Je vertrauter de Solier mir wird, desto dringlicher stellen seine Adjutanten, die man nicht sieht, mir die Frage, wie Format entsteht: Wenn einer erfolgreich das Hergebrachte zu verteidigen vermochte – oder wenn es ihm gelingt, sich immer wieder zu häuten, ohne von seinen Überzeugungen abzurücken? Ich glaube, er hat das delegiert; die guten Chefs ziehen in Betracht, daß sie nicht alles allein machen müssen. Er hat Dinge und Erscheinungen einfach gebraucht, wie ein Werkzeug, und sich um ihren Wallungswert wenig gekümmert. Gut ist das Brauchbare: so argumentiert der Tyrann; er ist keiner, bei ihm, denke ich, kommt etwas dazu: Gut ist das Brauchbare, das Leben nicht nur zuläßt, sondern ermöglicht. Ich denke, er wußte sehr genau um die unterschiedliche Bedeutung von »etwas hat Zukunft« und »etwas schafft Zukunft«. »Das hat keine Zukunft« wäre aus seinem Mund mehr als bloße Mißbilligung. Außerdem wüßte ich gern, welche Meinung er zur Planwirtschaft, zum Migrationsproblem, zum Klimawandel gehabt hätte. Urvasi schien amüsiert: Männer, die derart entschieden blicken und dabei doch über die napoleonische Beherrschtheit, die Désinvolture verfügen, verbinde ich unwillkürlich mit dem Gedanken an Bordsteine; ich frage mich, was sie, Persönlichkeiten, die Weisheit und Krieg mit Vernunft aussöhnen können, die das Parkett der Königshöfe ertragen, von dieser Grenze zwischen Fahren und Gehen halten mögen. Ich glaube, wir haben einen Politiker vor uns. Was meinen Sie, wandte sich Urvasi an mich und nicht an den unsichtbaren Dritten, der ihm glich und ihn fortwährend prüfte: Ist ein solcher Mann in der Demokratie möglich? Urvasi wartete meine Antwort nicht ab: Ich glaube schon. Mehr als das ist er nötig. Denn obwohl er die Hand am Dolch hat und das Medaillon halb im Wams verborgen ist, kann er abgeben und sogar, bei aller Statur, wirklich dienen. Ganz überzeugt wäre er zwar nicht, aber er tut es, darauf allein kommt es an. Ein Souverän auch hier – nicht nur darin, daß er so frei ist, furchtlos zu sein.

11

Krähen flügeln über die Elbwiesen, landen wählerisch, begutachten ihr Frühstück unter erstaunlich langsam dirigierenden Kränen, wirken wie ein befracktes Orchester, das es aus den Feuern einer Premiere wieder in die Alltagsroutine verschlagen hat. Die Waldschlößchenbrücke liegt noch auf der Altstädter Seite, ein bulliger Stahlbogen; ich bin mir nicht sicher, ob ein heillos mißglücktes Leben darin wohnt. Vor dem Beginn von Eleganz allein gelassen, bleibt ihm nichts als Grobheit; seine Architekten rechnen Nutzen aus wie eine Erklärung und vergessen, daß Brücken auch zur Musik der Stadt beitragen. (Oder vergaßen andere? Die Wege sind lang und die Zwänge nicht kurz. Und manche haben tau-

Tor der ehemaligen Schloßkapelle 1986

be Augen. Allerdings ist es gelegentlich, nicht nur zur Lüftung, nötig, Schneisen durch Puppenstuben zu schlagen.) Taucher steigen in den Fluß, fischen nach Blindgängern; hin und wieder zuckt wie eine müde weiße Wunderkerze das Lichtbüschel eines Schweißgeräts auf, Autos rollen unbeteiligt vorbei. In der Ferne schieben sich Plattenbauten wie Flöze in den Himmel.

... eine Kinderuhr aus weißem Plast mit Lanzettzeigern, grün der kleine, orangefarben der große, die Zahlen durchliefen den Regenbogen, an den tomatenroten Zahnrädern auf der Rückseite konnte man die Zeit einstellen; die Lehrerin ging durch die Klasse und hielt die Uhr hoch, sagte die Zeit an, und die Kinder, zu zweit in den Pulten, brav oder kippelnd auf den Schalenstühlen mit Gummistopfen, schwarzen Hufen, an jedem der vier Beine, wiederholten im Chor, halb neun, viertel sechs, zwei vor zwei; es roch nach Kreide und PVC-Fußbodenbelag; der Geschmack des Aluminiumdeckels auf der Milchflasche lag mir noch im Mund (die Flaschen für die Klasse holte der Milchdienst in der Milchpause), rosarote Erdbeermilch mit Eisstücken darin, manchmal so groß, daß aus den Flaschen nichts herauskam. Wir drückten Fingerlöcher in den Deckel, es schnalzte leicht; die Deckel trugen farbige Streifen, man konnte Mannschaften bilden: Erdbeer gegen Vanille, Buttermilch gegen Kakao; das blaue Halstuch der Jungpioniere knisterte, entlud sich in trockenen Funken beim Melden und Fingerschnippen, die Lehrer nickten einem der stillen Mädchen zu. ABC-Schützen, die Haare mit Zuckerwasser glattgekämmt, Namen wie Evelyn, René, Anke, Jens. Bald bin ich Jungpionier! frohlockte ein Schild auf einem Schrank voller Tassen – war das eine subtile Anspielung, ein surrealer Scherz? –, daneben lehnte ein Buch, »Pfefferpeter«, ein Freiheitsheld auf einem feurigen Rappen: so wollten wir Jungs sein, wie dieser Abenteurer, der durch ein Klassenzimmer im Jahr 1975 ritt, mit wehendem rotem Umhang und Schlag bei den Mädchen. Buchstaben hockten auf dem Fensterregal, bedrohlich und stimmlos (»Sprecht mir nach: W'hh ... Fff ... G'hh« – wir antworteten, ein fröhlicher Chor, »Weeh ... Eff ... Geeh«), zwischen den Buchstaben teilnahmslose Topfpflanzen. Am ersten Schultag kam ein Fotograf, schleppte seine Plattenkamera in einen Winkel des Klassenraums, verschwand probeweise unterm schwarzen Tuch, dirigierte. Hände und Unterarme auf den Tisch, die Hände flach übereinander. Gerade sitzen. Federmappen unter den Tisch, Ranzen an den Seitenhaken, Fibeln aufgeschlagen. Die Horterzieherin bitte an die Tür, die Klassenlehrerin neben den Schaltkasten und den Schrank mit den Tassen. (Ich weiß nicht, ob der Fotograf unter seinem Tuch lächelte.) Die Bücher im Regal an der Fensterwand zum Betrachter rücken. »Tiere im Zoo«, »Teddy Brumm«, »Vater ist mein bester Freund«, »Das kleine Flußpferd«. Darunter Spielzeug: Düsenjäger, Raketenwerfer, Funkstationen, sowjetische Raumschiffe. Noch einmal die Halstücher zurechtrücken. Alle drehen den linken Arm mit dem »JP«-Fackelzeichen zum Betrachter. Die Kinderfüße in den Hausschuhen berühren nicht den Boden. Lächeln, stillhalten.

Unterliegende Schichten, Verborgenes, der gegenwärtige Augenblick schiebt sich wie ein Prisma über Bruchstücke der Vergangenheit und ordnet sie zu vorläufigen Kaleidoskopen. Das Eigentliche, wer weiß es? Geruch und Tastsinn, Bilder, Stimmen, ein Bündel von Antworten an die Sinne, die noch nicht verschuldet waren, sie hatten noch keine Fragen gestellt. Lotgewichte der Existenz. Was ich sehe, auf dem Weg zu meiner jüngsten großen Liebe, Nora, Tochter mit seehundfarbenen Augen und einer Fülle von Japanerhaar, ist für mich immer noch die »Akademie«, nicht das Universitätsklinikum, wie der Bezirk zwischen Pfotenhauer-, Fetscher-, Fiedler- und Schubertstraße heute offiziell heißt. Akademie: Das waren die Schwesternhauben, die man morgens wie gläubige Asteroiden über den Wegen steigen sah; Elektrokarren, die mit dem metallischen Geplapper von Essenkübeln über die Straßen des Klinikums fuhren, das waren die Treppenhäuser in den Gebäuden mit Gewölbefluren und Zehnbettenzimmern, die unterirdischen Gänge, in denen, nahe den Aufzügen (es wimmelte von Ratten), Zigaretten Erleichterung von den Angriffen aus Krankheit verschafften, Leitungen tropften, Stationshilfen Körbchen mit Blutproben und Medikamenten an ihre Bestimmungsorte trugen, die Verstorbenen unauffällig beiseite gebracht wurden. Es war die Welt symbolisch blickender Herren auf gerahmten Fotos, Vor- und Vorvorgängern amtierender Ordinarien, machtlos gegen autistisch gewordene Fenster mit Baskülverschlüssen und die hypnotische Klarheit von Luer-Spritzen aus Glas mit Stahlkanülen, die im Sterilisator ihre Keime ausschwitzten; die enge, scharfriechende Welt der Stationsspülen, in denen die Urinflaschen und Bettpfannen der Patienten geleert, Handschuhe zum Wiederverwenden getrocknet, dann mit Talkum gepudert wurden. Es war die Welt meiner Eltern in einer Zeit der Klinikparteileitungen, der Kollektive der sozialistischen Arbeit, der Flaggenparaden zum 1. Mai, Kampftag der Arbeiterklasse, an dem, nach Anwesenheitskontrolle, die Abteilungen über die Thälmannstraße bis zur Tribüne am Altmarkt marschierten, wo es eine Kundgebung gab und jemand Reden von Zukunft und Fortschritt hielt. Mutter als Schwesternschülerin auf der Treppe der Kinderklinik fotografiert, die ein fortschrittlicher Bau war mit Balkonen, wo die Neugeborenen ihren Schlummer an Sonne und Luft hielten. In der Milchküche lernte sie die feinste Nahrung zuzubereiten, die für das jüngste, das verletzlichste Leben. Meine Eltern hausten im Schwesternwohnheim an der Senefelderstraße, in einem Zimmer von elf Quadratmetern, der Stubenwagen, in dem ich schlief, stand neben dem von Anatomieatlanten geflügelten Schreibtisch meines Vaters, an dem er für Prüfungen lernte. Mutter fürchtete die Kakerlaken, die in riesigen Sippen hinter den Wohnheimwänden auf die Nacht warteten. Sie gehörte der Generation an, die neben dem Abitur einen Beruf erlernte (»Halbfacharbeiter für Feldbau«) und die Ferientage meist mit Ernteeinsätzen oder in FDJ-Lagern verbrachte. Sie ging gern ins Kino, mochte den belgischen Sänger Adamo und Alain Delon. Von ihr habe ich die hohen Wangenknochen und die Himmelfahrtsnase, fernes Erbe wohl irgendeines mongolischen Bogenschützen am westlichen Saum von Dschingis-Khans Heer, auch das Interesse für »Hinterland« und all die mehr oder weniger versunkenen deutschsprachigen Inseln in Europa. Meine Großmutter, bei Breslau geboren, wo sie als Magd auf einem Gut arbeitete, verließ Schlesien als Vertriebene; später wohnte sie in Leutersdorf, einem kargen Ackerfleck an der tschechisch-polnischen Grenze. Dort, in der Oberlausitz, für die Umgebindehäuser und das gaumige »r« charakteristisch sind, wuchs Mutter auf, in den einfachen Verhältnissen einer Arbeiterfamilie ohne Vater (weder Name noch

Foto, sein Feld in der Familientafel war leer). Unvergeßlich sind mir die kälterauchenden Nächte, wenn wir Großmutter zu ihrem Geburtstag, der in den Februar fiel, in Leutersdorf besuchten. Ihre Wohnung bestand aus zwei kleinen, einzelnen Zimmern, die der Hausflur trennte, an dessen Ende die Küche lag. Mein Bruder und ich schliefen in einer vom Nachbarn abgetretenen Kammer voller erbaulicher Schriften (der Nachbar, Herr Schmidt, war Siebenter-Tags-Adventist); wenn ich aufwachte, was wegen der zu kurz geratenen Decke und der im Zimmer herrschenden Minusgrade oft geschah, ruckte ich an den Bibeln auf dem Nachtschrank, morgens waren sie festgefroren. Plumpsklo im Anbau, die Notdurftzellen durch Bretterwände getrennt, die schweren Deckel vereist in der Frühkälte, ich hörte Herrn Schmidt auf dem Holzthron nebenan mit gurgelnder Stimme beten. Großmutter arbeitete als Legerin / Ausschneiderin in der Fallschirmproduktion Seifhennersdorf, stand wochentags um 4.15 Uhr morgens auf, um den Schichtzug zu erreichen – ich habe sie nicht ein einziges Mal verbittert oder klagend gesehen, sondern als lebenszugewandte, bescheidene Frau kennengelernt, die Bücher liebte und meiner Mutter das zu ermöglichen versuchte, was in ihren Kräften stand. Die Qualität der Seifhennersdorfer Fallschirme (man fertigte, natürlich, für die Armee) übertraf die der Bundeswehr, aus Fallschirmseide nähte Mutter Fäustlinge, die alle Prüfungen bestanden.

Die Kinderklinik des Stadtbaurats Paul Wolf ist abgerissen worden; ich sehe die auf Fotos gebannte Zeit, sie scheint zu sagen: sieh, berühre mich, ich bin da und kehre wieder, ich bin nicht vergangen, ich bin nur nebenan. Während ich an Neubauten vorbei auf die Geburtshilfeklinik zugehe, die von der Zikkurat der Chirurgie bedrängt wird, erinnere ich mich an das Licht der Siebziger, in dieser Gegend: Orange, das ins Pfirsichfarbene überging, wenn die Dämmerung hinter den Elbbrücken ihre Empfindlichkeits-Tauschgeschäfte begann; dünnes Grün über den Elfgeschossern an der Pfeifferhannsstraße, das die Autos auf dem Parkplatz hinter der Kaufhalle, ihre noch von Tagespflichten erregten Auspüffe mit Spindeln aus Frieden lähmte; Wolkenpastelle über dem Trinitatisfriedhof, dessen Entrücktheit vom Gestank der Stadtreini-

Blick von der Kunsthochschule 1989

gungszentrale (die Müllautos parkten direkt hinter den Grabsteinen), vom Geruch aus dem Backwarenkombinat und allen Gesten, die er beherbergte, von den klingelnden Kränen des Plattenwerks, allnächtlich dort ein und aus fahrenden Tiefladern geprüft wurde; jener kaum zu beleuchtende Rest in den Waben der Erinnerung, der sich an den Sehbahnrändern verliert, Horizontkühle, die Farbe der Fenster zwischen der Vergangenheit und dem Jetzt.

… um die Pulte, Preßspanplatten, mit Sprelacart furniert, lief ein Stoßrand aus grauem Gummi, in den wir unsere Initialen schnitzten, sobald wir schreiben konnten; die Kerben wurden mit Kugelschreiber oder Füller ausgemalt. Für Frieden und Sozialismus – seid bereit! – Immer bereit! Die Daumen gestreckter rechter Hände schnitten an den Scheiteln; kam es nicht akkurat, wurde geübt, aber es verlief nie in Geometrien, hart und exakt wie die Kanten des großen Dreiecks, des braunen Meterlineals mit Metallgriff, das neben 180°-Winkelmesser und armlangem Zirkel in der Nähe der volkspolizeigrünen Wandtafel schwelte, tagsüber wartende, mit den Lehrern stumme Einverständnisse teilende Gespenster, und manchmal, wenn ich allein durch das Schulhaus ging, sah ich mich um, bevor ich die Treppe in den Keller hinabstieg, wo sich der »Werken«- und der »Schulgarten«-Raum hinter der Schülergarderobe befanden, sprang mehrere Stufen auf einmal hinab in der Angst, das Dreieck oder der Zirkel würden mich verfolgen. Das Geländer brummte, wenn man draufhieb, ein mit Gewittergrollen und Elektrizität geladenes Geräusch, das sich im Schulgebäude verflüchtigte, dem Russischzimmer einen Besuch abstattete, mui goworim po-russki, dem Englischzimmer, wo ein Fernseher lief mit der Sendung »English for you«; eine Frau mit Eulenflügelfrisur und dicker Brille unterbrach die Szenen mit Tom and Peggy (später Mike and Anne) und forderte »say after me, please«. Im Naturwissenschaftstrakt drang das Geländerbrummen durchs Schlüsselloch in den Vorbereitungsraum Biologie, dort herrschte Geheimnis, und während das Gemurmel des Lehrers im Klassenzimmer die Mendelschen Regeln an den Kreuzungen roter und weißer Kreideblüten demonstrierte, prallte der Ton vom Gagatschwarz eines Eichhörnchenauges zum Lauschpinsel eines ausgestopften

Luchses, der grämlich und mottenzerfressen auf einem Brett hockte, berührte die theatralisch gebreiteten Schwingen einheimischer Greifvögel, bevor er von Unken in formalingefüllten Zylindern, Spinnen in versiegelten Glastöpfchen, eingelegten Nattern verschluckt wurde. Ich mußte erneut auf das Geländer schlagen, hoffentlich würde mich der Hausmeister nicht erwischen, der genug zu tun hatte mit den Folgen üblicher Schülerstreiche: gesüßten Hortkindertee an Tapeten spritzen, so daß sie in der Sommerhitze klebrig wurden wie Fliegenpapier, Chemikalien stehlen und in den Toilettenbecken für farbig-geräuschvolle Furore sorgen, anzügliche Bildchen in die Klassenbücher schmuggeln, all die kleinen Abtrünnigkeiten, mit denen wir Anschluß suchten an die Geschichte der Abenteuer. Für ein Morsesignal, das über die Weiten der Ozeane verbinden soll, war der Ton zu breitspänig, und doch genügte er, um mich das Geographie-Kabinett sehen zu lassen: den Globus (auch eine Uhr mit seinen Apfelsinenschnittlinien aus Längen- und Breitengraden, Datumsgrenze, Greenwich-Meridian, gestrichelten Wendekreisen), die Hermann-Haack-Kartenrollen im Wandgestell, die man in eine Art Staffelei klinkte und vor dem Unterricht auszog wie eine Kinoleinwand; der Film, der darauf lief, entstammte unserer Phantasie. Wünschelrutengänge, Türen im Raum, Verschiebungen nautischer Skalen, Blicke aus dem Zebra-Helldunkel von Jalousien, der zu einem Stab ausgezogene, gegen die Karten pochende Kugelschreiber des Lehrers; der Sog der Namen. Dahomey. Salomoneninseln. Tasmansee. Flüsse schwemmten ihre Mythen durch unsere Sinne, Ob und Irtysch, der sagenumwobene weiße Pulsar stieg über der Tunguska, der Marinechronometer im Physik-Kabinett beschwor Kreuzer und Karavellen; wir hörten Cook, ließen uns mit Humboldt auf dem Orinoko von Mücken zerstechen, feierten Papanin, das Pausenklingeln riß uns aus den Träumen.

Dr.-Külz-Ring 2010

12

Wenn ich aus der Schule kam, blickte ich den langen, kompakten Block entlang, in dem meine Eltern durch glückliche Zufälle und das notorische Erscheinen meines Vaters auf der Wohnungsvergabestelle eine Dreiraumwohnung mit Vollkomfort (fließend Wasser, Zentralheizung) ergattert hatten, fünfter Stock im ersten Aufgang links, Wohnung Nr. ... Ich mußte mich über die Lage unserer Wabe in der Bienenkaserne vergewissern und tat es, indem ich die Farbfolgen der Balkone mit denen in meiner Erinnerung verglich, die Nummer unseres Hauseingangs mit jener Ungläubigkeit musterte, die von Wirklichkeiten erzeugt wird, die sich wie Träume benehmen; immer wieder die Hausnummer, die uns Kindern eingebleut wurde (»ich heiße sowieso, ich wohne ...«: die Angst unserer Eltern, wir könnten verlorengehen, war unbegründet, aber verständlich); ich interessierte mich für die Arbeit der Windräder an den Brüstungen, in den Halterungen für die Fahnen zum 1. Mai oder Republikgeburtstag, überlegte, ob ich zur Elbe gehen sollte, auf ein Fußballspiel (damals wurde Dynamo Meister mit der Mannschaft um Dixie Dörner) oder auf einen Erkundungsgang in die Konservenfabrik: das würde noch abzumachen sein. Allerdings hatte ich den Auftrag bekommen, im Eg-Gü-Werk eine bestimmte Schuhcreme zu kaufen. Vorsichtshalber kickte ich einen Stein in Richtung des Polizisten, der mich kannte, weil er meinen Bruder und mich einmal aus einem der zahlreichen Müllcontainer gefischt hatte, in denen wir nach Brauchbarem gesucht, Halsschmerztabletten gefunden und uns sogleich einverleibt hatten; quicklebendig, aber mit gelben Schnuten hatte uns der Ordnungssammler gegen unseren heftigen Protest zu Hause abgeliefert; was half's! Die Container waren zu interessant. Ein andermal fanden wir einen Satz kaputter Flachzangen, ein Portemonnaie voller Zweimarkstücke, die uns ebenso unerwartete wie langwährende finanzielle Beweglichkeit verschafften, Dutzende steifer und räudiger Kuhfelle, Spielzeugmaschinenpistolen in Mengen, wahrscheinlich Ausschuß einer Fabrik. Die in den erwärmten Johannstädter Winden trägen Fahnen vor der Kaufhalle standen mit den meine Erinnerung mächtig und unerwartet hoheitsvoll durchgleitenden Autos in Verbindung, die Geräusche der Pausenhöfe mit den jeden Mittwoch um dreizehn Uhr probenden Sirenen, die Spuren der Düsenjäger am Himmel mit den Stimmen aus den Radios, die die Bewohner des Blocks an Sommerabenden auf die Balkone stellten. All die verwirrenden Möglichkeiten, die ein aus der Schule ohne Hausaufgaben entlassener Schüler hat, um an der Welt teilzunehmen, die noch nicht an ihn denkt oder auf ihn zählt, da sein Platz in einem Klassenzimmer zu sein scheint, einem Ort der Vorbereitung, wo doch draußen schon alles von Erwachsenen beschlossen ist – ich spürte, daß dies uns Kindern Vorteile verschaffte, die weniger aus Hochmut oder Nichternstnehmen rührten, sondern aus Vergessen und Zerstreutheit (weswegen, wenn Kinder zum Beispiel Soldaten werden, der Schock besonders wirksam ist); wir konnten, da die Großen ihre Köpfe mit Arbeit, Besorgungen und Zukunftsdeutung voll hatten, so ziemlich tun und lassen, was wir wollten. Ich beschloß, auf Ulrike zu warten, die ich mit den Gefühlsentwürfen eines Neunjährigen bedrängte – ich lockte sie unter Vorspiegelung falscher Tatsachen in den Schulkeller, wo ich sie, die meine Absichten allerdings ahnte und im Dunkel aus Jacken und Turnbeuteln auch sofort mit Kratzen beantwortete, ungestört abzuküssen gedachte. Wir gingen zur Augsburger-/Ecke Fiedlerstraße, wo die Eg-Gü-Schuhcremefabrik stand. Ulrikes Mutter arbeitete dort. Ich war noch nicht in dem Bezirk, wo ich die Dinge um mich liebte, dazu wirkten sie auf mich zu präsent, zu wirklich, ich wollte sie weder verteidigen noch immerzu wiedersehen. Wenn wir die langsamen, mit ihren guten und schlechten Anrufungen schwingenden Straßen entlanggingen, fühlten wir uns wie Entdecker, aus einer Seefahrernation in eine Wüste versetzt. (Doch hin und wieder leuchtete eine Königskerze auf einem der Schutthügel.) Arnoldstraße über den Tatzberg am Trinitatisfriedhof vorbei bis zur Fiedlerstraße, du kleiner Engel neben mir, wir könnten zusammen aufwachsen wie Geschwister. Planierraupen und Bagger sind unsere Pferde, traben durch unsere Unkrautprärie, und wer ist (nicht »spielt«) Lederstrumpf, wer Chingachgook, die Große Schlange? Aquarische Helligkeit, gerahmt von Schornsteinen und den drei Schulen mit ihren Marsfeld-Appellplätzen, im Hintergrund, wo die Reisen beginnen, farbgesprenkelte, auf und ab schwankende Geometrien, ein zartes, von

Giacometti-Akteuren mit Füßen getretenes Theater, sommerlich verbrannte Schatten, die unsere nahen, runden zu Fremdkörpern erklären und mir Furcht einjagen: »Gehörte« all das nicht mir? Oder war ich nur hineinversetzt worden mit einem Auftrag: Hier werde groß? Wenn ich die Hand auf eine Wegplatte legte, verriet mir ihre Wärme oder Kühle nichts anderes als ihre Temperatur; ich trug zu sonstigem nichts bei, bewegte mich in einer Art Skaphander, denn die Außenwelt konnte mir, sollte es notwendig sein, mit bestürzender Härte antworten; die Farben, die Helligkeit waren vielleicht nur eine Ablenkung von etwas, das erschlagen konnte. Das Mädchen neben mir summte vor sich hin, hüpfte, während ich wartete, durch die auf den Gehweg gekreideten Himmel-und-Hölle-Quadrate. Meine Brottasche war leer. Ulrike zerriß mit eng nachgreifenden Fingern ihr Butterbrot, so daß die Stücke nahezu gleich groß gerieten, sagte: Wenn du mein Bruder wärst, hättest du nichts bekommen. Außerdem bist du blöd, ich heirate dich nicht. Mutter hatte mir Geld gegeben, Eg-Gü würde einen »Schuhputztag« veranstalten unter den auf Plakate gemalten Motti »Heute wird gewienert« und »Bewunderung ein Schuh erregt, der ständig mit Eg-Gü gepflegt«. Wo, wenn nicht dort, beim einst führenden Hersteller von Schuh- und Lederpflegemitteln in Deutschland, nun des Ostens, würde es mir gelingen, eine passende Tube Schuhcreme für die in der »Gazelle« oder im »Haus der Schuhe« auf der Leipziger Straße erworbenen Pumps meiner Mutter zu finden? Im Schuhgeschäft war die Farbe nicht mehr vorrätig gewesen. Ich dachte an Ulrikes Mutter. Sie würde einen der Stände aufbauen, warten, den Vorüberschlendernden, die am Nachmittag dazu Zeit hatten, säuberlich aufgereihte Muster vorstellen, freundlich stumm, von ihrem angestammten Platz auf einen ihr fremden versetzt; würde, wenn jemand einen Rat wünschte, schüchtern auf Pflegemängel hinweisen und die Vorurteile der Kunden hinsichtlich Qualität und Breite des Eg-Gü-Sortiments zu entkräften versuchen. Einen der Pumps trug ich bei mir. Ich würde anspruchsvoll sein. Wie immer, wenn ich Ulrike zur Fabrik begleitete, hatte ich hochfliegende Hoffnungen, mein Anspruch war, daß sie nicht enttäuscht werden durften. Es gab einen Augenblick, in dem mir das Gebäude an der Augsburger Straße etwas ersetzte – bei Schichtwechsel, wenn die Fenster des

Labors geöffnet wurden, der Pförtner die Zeitung zusammenklappte und zum Telefon griff, wenn das Hin und Her der Arbeiter und Angestellten, fließend wie der Puls von Seegras in einer Meeresströmung, begann und sich die der Pforte zugewandten Gesichter nach und nach mit individuellem Ausdruck füllen würden; es war der Augenblick, in dem die freigelassenen Gerüche die Straße erreichten und mich die sinnliche Form dessen überwältigte, was ich, wenn ich dazu in der Lage gewesen wäre, »das menschliche Element« hätte nennen müssen. Auf einer Skala von Hunderten Tönen Grau wirkt der eine Tupfen Rot explosiv, er fällt nicht nur auf, er hinterläßt ein Feuermal auf der Netzhaut; an dieser Stelle wird für immer eine Narbe schmerzen. Wir kannten die Gerüche der Johannstädter Industrien, des Backwarenkombinats, in dem die Arbeiter abends Schüsseln mit Hefe aufstellten, morgens waren sie leer, die Hefe quoll, die Kakerlaken platzten mit durch die Hallen schnalzenden Plopps; wir kannten den Geruch des Fischgeschäfts an der Hertelstraße, der nierenkranken Elbe, der Flure und Küchen in den Wohnblöcken; manchmal, an Frühlingstagen mit geringer Müllabfuhr, waren die Essensdünste ruhig unterspült von Blütenversprechen, die vom Trinitatisfriedhof heranwehten. »Das menschliche Element«: Die Gerüche aus dem Labor der Eg-Gü-Fabrik warfen mich aus der Bahn, ließen mich spüren, daß es etwas anderes gab als meine von Geboten umstellte Welt. Sie erinnerten mich daran (und das war wie die Ohrfeige, die der wache Banknachbar stellvertretend für den träumenden bekommt), indem sie liebevoll in mich einbrachen, daß Dinge und Umgebungen, die wir für selbstverständlich halten, dies nicht zu sein brauchen, und der Schrecken darüber rührte daher, daß dem Ganzen soviel Freiheit beigemischt war. Ich »hatte« diese Gerüche, aber keine Worte dafür. Sie »hatten« mich, und irgendein Laborant da oben meinte es ehrlich. Wie friedfertig konnte ein Geruch sein, wie nahrhaft und erzählerisch, wie großzügig! Niemand würde mir etwas wegnehmen in der Heimat dieses Geruchs, er machte sogar Angebote für die Reise. Auch für sie hatte ich kein Wort. Der kleine Basar war aufgebaut, Ulrike schenkte mir auch die andere Hälfte ihres Brots, ich warf es heimlich beiseite, denn ich wollte jetzt nicht satt sein. Ich kramte den Schuh aus dem Ranzen. Ulrikes Mutter verglich, nickte, drückte mir eine Tube in die Hand. Als ich las, wußte ich, daß die Schuhe meiner Mutter andere Pflege brauchen würden.

Plötzlich hatte ich viel Zeit. Die wortlosen Gerüche, die mittlerweile eine flüchtige Südsee auf der Straße entfacht hatten, waren nur Vorbereitung für dieses geruchlose Wort gewesen, das sie, die lediglich wirklich waren, bereits zu bewahren begann. Ein Wort, grob auf Metall gedruckt. Das ich wie ein Verurteilter umkreiste, dem ich mich näherte wie ein Insekt dem ungeheuren, rücksichtslosen, auf die Sekunde, in der die geheime in offene Herrschaft übergeht, gelassen wartenden Pheromongestirn; ich hielt die schweißglitschig gewordene Tube aus Angst, ich könnte sie verlieren, so fest, daß die Verschlußkappe wegzuplatzen drohte. Eine Folge von neun Buchstaben verlieh der in einer Kartusche gefangengehaltenen Schuhcreme schreckliche Kraft; ich wagte nicht, auch nur einen Klecks der machtvollen Substanz herauszudrücken und zwischen Daumen und Zeigefinger genüßlich breitzureiben, ich wußte, daß die Farbe an Intensität alles übertreffen würde, was ich bis dahin kennengelernt hatte, es mußte so sein, deshalb sah ich niemals nach, das Wort, der Name dieser Farbe sagte es: Ozeanblau.

13

Das Gewicht meines Schulranzens spürte ich erst im Hausflur, wenn der Aufzug, der nur in den Zwischengeschossen hielt, wieder einmal defekt war. Mir blieb nichts übrig, als die enggewendelte Treppe hinaufzuklettern, an Filzstiftbotschaften vorbei, wechselnd gemusterten Fußabtretern, die zum Warten und zum Unmut Anlaß gaben: so erklärte ich mir die Zigarettenkippen auf den Stahlnetzen, die etagenweise quer durch den Treppenschacht gespannt waren und aussahen, als warteten sie ebenfalls, auf Körper. Um die Mittagszeit war der Block ein Argus, der schlief. Manchmal, obwohl nichts zu hören war, berührte ich die Türen mit meinen Fingerspitzen – ich lebte in der Vorstellung, daß sie fähig seien, unsichtbar durch die glatte Fläche zu sprießen und, aus-

Straßenbahn 1982

gestattet mit Saugnäpfen und Sinnesorganen, in den Wohnungen umherzukriechen, mir Wissen zu verschaffen; besonders angstversengt an der Tür von Herrn W., genannt »Graf Etepetete«, von dem gemunkelt wurde, daß er »bei der Firma« sei; weder meine Freunde noch ich durften mit ihm sprechen. Nach einiger Zeit übermittelten die Fingerspitzen feines Vibrieren, ich stellte mir vor, daß die Treppenstufen all die Schritte abschüttelten, die Tag und Nacht an ihnen wetzten, ihnen, als wären sie eine Haut, Tritte versetzten, und obwohl das Unruhesummen, das durch meine Nerven kroch, am ehesten aus meiner eigenen Körperschwäche (Hunger, angehaltener Atem in unbequemer Haltung) rühren mochte, glaubte ich – Vorstellung ist stärker als Wissen, das ein Kind nicht als einleuchtendes Bild erreicht – an Schleudern, Waschmaschinen, die sich verselbständigten, weil ihre Schläuche aus den Wänden anderes beziehen mochten, als die arglosen Mieter dachten. Ich glaubte an ein Maschinengehirn, das irgendwo, getarnt von Feuerlöschern, Müllschluckern, Aufrufen der Hausgemeinschaftsleitung, vor sich hin sinnierte, und befürchtete, ich sei durch meinen Griff an eine Tür, eine Kontaktstelle, zum unbefugten Zeugen seiner selbstbewußten Elektrizität geworden, die in Ruhe Anwesenheitskontrollen vornahm. Ein stiller, mit Bedacht seine Position verbessernder Apparat: welche? und wofür? das machte mir Kopfzerbrechen, ich zog die Hand von der Tür weg, man konnte nicht wissen, es war besser, die anderen zu informieren, um sie bei der Erkundung dabeizuhaben. Sie geschah unter der Voraussetzung, daß die von mir unbezweifelte Existenz des Blockgehirns nichts Gutes bedeutete. Zu deutlich waren die Hinweise. Rauhe, nur hier und dort mit trauriger Tapete befleckte Wände, an denen wir, wären sie uns zugänglich gewesen, jene Schwefelhölzer aus Westernfilmen hätten aufflammen lassen können, die den Helden dazu dienten, ihre stoische Lebensauffassung mit einem Strich über den Stiefelabsatz oder die Schurkenschulter zu beweisen. Daß der Block eine Schlaf- und eine Wohnseite besaß, zwei gleiche Fassadengesichter mit unterschiedlicher Kriegsbemalung, wie Mutter sagte. Die Einsamkeit eines Fenstergriffs im Flur von unserer Etage zum Nachbaraufgang: Die Reihe schwarzer T-förmiger Pflöcke in Scheibenmitte unterbrach ein hellgrauer Plastwinkel, den Herr Adam dort angeschraubt hatte, um, wie er sagte, in einem Akt der Notwehr die endlos von Horizont zu Horizont, von der Ostsee bis ans Ochotskische Meer, kopierte Fortsetzung schwarzer Duroplast-Fenstergriffe auszusetzen. Aber ich blieb mißtrauisch. Vielleicht stimmte es nicht, daß irgendwo in dieser Zitadelle aus Beton und Teer eine Instanz damit beschäftigt war, uns zu schaden. Tom meinte ohnehin, ich sei nicht ganz richtig, und wollte lieber Fußball spielen, als nach etwas zu suchen, das unmöglich existieren konnte. Ich hatte mit Tom meinen ersten Kuß getauscht, eine eklig schmatzende Angelegenheit zwischen zwei nach Schaumgummi-Kosmonauten schmeckenden Lippenpaaren, besiegelt in den Bunkern aus Röhren und Wandteilen, die sich auf einer Brache neben dem Johannstädter Plattenwerk stapelten. Das Wort Schönheit kannten wir, aber es bedeutete uns nichts – ein Erwachsenenwort, das uns ohne Widerstand oder Bedauern aus den Ohren sickerte. Ohne es zu wissen, suchten wir allerdings danach, was das Wort mit seiner Lauthülle verdeckte. Anders kann ich mir nicht erklären, daß Ulrike meinen Einflüsterungen traute und Tom den Vogel aus der Stirn bog, den er mir zeigte; Ulrike mit dem Komsomolzen-Schleifenschmetterling im Haar, was ihr Gesicht auf eine schreiende, kokett überblühte Weise »süß« werden ließ. Sie konnte die Schritte auseinanderhalten: die klumpigen der Nachbarn aus der siebenten Etage bildeten den Klub der Gehörlosen, die ausgerechnet im Treppenschacht – für mich einer der steinernen Ohrschläuche des Blockgeists – Lärm wie eine Horde von Paarhufern machten; das müde Schlurfen von Herrn Adam, der im Sachsenwerk als Mechaniker arbeitete und die Wohnung für sich und seine Familie nur unter der Bedingung erhalten hatte, jeden Sonnabend Aufbaustunden im Schlachthof abzuleisten (er würde das für viele Jahre tun müssen); es gab die Puderzuckerschritte des Herrn Ofenstein, für den wir später, in Analogie zu »Fräulein«, die Anrede »Herrlein« erfanden, denn mit knabenschlankem Körper arbeitete er in einem Schwimmbad (und litt); Ulrike hörte die beduinenhaft umschleierten, auf den Treppenabsätzen zu sinnendem Eiskunstlauf ausgewichsten Schritte Adolzaides, die im achten Stock wohnte und unsere Klavierlehrerin war.

14

Sie zog ein selbstgenähtes gelbes Abendkleid voller schwarzer Augen und Ohren an, wenn sie ins Theater ging, sie lackierte ihre Fingernägel mit »küs«, dessen Geruch den Schülern schon im Flur die Nasen beizte, sie sagte den Anfängern »Auf den Tragflächen des Ge-ßangs müßt ihr dahinfarren«, stand auf und stieß die Arme in die Luft, als wollte sie abheben, »dahinfarren müßt ihr, mit Ge-ßang!«; seufzte, wenn ein Fortgeschrittener zuwenig Pedal gebrauchte, »Ent-führen mußt du sie, an dich rreißen, so rrichtig im Ga-lopp …« Die Nachmittage bei ihr hatten etwas Vertrauenerweckendes, denn Adolzaide, genannt nach der Fee aus Hauffs Märchen »Saids Schicksale«, stellte Fragen so, daß sie ihre liebenswürdige Seite den Antworten zuwandten, die dann auch kamen wie Tauben zum Vogelfutter (und ebenso zahlreich wie verwirrend unausgewählt); sie legte die Hand ans Kinn oder kraulte das pechige Haar, wobei eine Woge des Parfums »Blauer Samt« vorüberglitt, betrachtete mich und überlegte: Mal sehen, was das Kla-fier zu Beethoven sagt … Schon auf der Treppenkehre eine halbe Etage vor Adolzaides Tür begannen Filzpantoffeln ihre Revue, einträchtig ein Paar neben dem anderen, auf den Stufen nach Größen geordnet, die größten unten, weil die älteren Schüler nach Adolzaides Überzeugung die bedeutenderen Schmutzfinken waren und den Teppich im Wohnungsflur mit ihren Straßensohlen ruinieren würden. Hin und wieder mußte ein Pantoffel ersetzt werden, dann erschien Adolzaides Mutter, die in der Wohnung eine Werkstatt betrieb, kramte aus ihrer schillernden Schürze ein Fußmaß heraus mit Umrißlinien, an denen die Worte Senkfuß und Plattfuß drohten; der Schüler stellte sich in das rosenrote Plaststück, die Mutter ging mit den Maßen nach nebenan, bald darauf war das Rattern einer Nähmaschine durch das Tonleitergestocher der Schüler zu hören. Adolzaide gab, wenn sich die Nadel im Filz festfraß, einem Steingutkätzchen auf dem Klavier (Thürmer, Meißen, Wurzelholz braun) einen beruhigenden Nasenstüber. Unter dem Ticktack des Metronoms kamen die Donnerstage, dann übte Herr Schurich nebenan, der Barpianist war. Adolzaide überließ das Klavier an Donnerstagen einer Ungeduld, die den Schülern immer wieder mit sanften Strafen zwischen die Finger fuhr, sie alsbald aus den Tasten hob, denn von der anderen Seite des Betons gelangten immer klingendere Notengrüße in die Fluchten des Zimmers, das vollgehängt mit Waldlandschaften und Troddeldeckchen war, Reisemitbringseln aus Ungarn und Aserbaidschan. Adolzaide mußte die Tür zum WC geöffnet lassen, da dessen Wand an die von Herrn Schurichs »Pianofortekabinett« grenzte; Adolzaides Mutter spülte oft an Donnerstagen, sobald Herr Schurich in zügellosere klavieristische Mitteilungen griff –

15

(... die Arme an den Körper gezogen, wie abwehrend, die Hände nach außen verrenkt, die Haut über den Händen runzlig, die Hände von Herrn Schurich waren, wie ich später erfuhr, einst gebrochen worden, die übergroße Brille machte die Augen dahinter übergroß, wehrte ebenfalls ab, so schien mir, eine derartige Fläche Glas sollte schützen, sollte spiegeln: so saß Herr Schurich beim Klavier, den »Pianofortes«, wie er betonte, der Bars und Hotels von Dresden und spielte auf, zuerst »was Lustsches«, denn die Kundschaft müsse warm werden und dabei sitzen bleiben, sie musse bestellen, und das tue sie, wenn sie aufgeheitert sei, bevor sie angeheitert werde, sagte Herr Schurich, dann »was fürs Gemüt«, eine »wehmütsche Waise« – Herr Schurich, das schüttere Haar mit »Bombastus«-Birkenwasser gebändigt, dehnte das e zum a, nachdenklich und mit wegwischender Bewegung der Linken, der Hand für die Stützakkorde –, denn man müsse die »Herzen bissel belutschen«, die Stadt sei voller Trauer, die ab und an mal rausmüsse, und wo, wenn nicht bei ihm oder auf den Friedhöfen könne die Kundschaft mal eine Träne äußern, und man müsse als Pianist stets der Einsamen gedenken, die ihre bedeckten, sprich: vergrabenen Wünsche hätten, aber sich nicht getrauten, nichtwahr, und wo blieben sie denn, wenn nicht durch die Blumen und auf den Flügeln eines Takts für vier Füße, nichtwahr, und schließlich und endlich müsse man doch für die Damen spielen, sagte Herr Schurich, auf weichen Mollsohlen aneinandergeraten, damit es dann in Dur zum Tanz gehen könne; der gute Barpianist weiß, wann er abzugeben und sich zurückzuziehen hat, wie der gute Mittelfeldspieler beim Fußball, sagte Herr Schurich; er baute ein Klavier aus Sand, gemeinsam mit Herrn Adam, dem Bezweifler der Fenstergriffe, baute es im Freien auf der morastigen Brache hinter dem Block, und da stand es, das Sandklavier, ragte unbezwingbar stolz in den viereckig beschnittenen Himmel der Plattenbausiedlung, hielt aus und blieb Mahnmal, der Regen wird es härten, denn ihr sollt nicht vergessen, sagte Herr Schurich)

16

… wobei diese »Mitteilungen« in unverbindliche, etüdenhafte Demut zurücksanken, sobald Adolzaide in die Wildnis der Chopinschen Nocturnes geriet. Sie arbeitete mit geschlossenen Augen, doch ihre Hände gingen wie zwei Komplotte spazieren, die im Interesse eines dritten ihr Wissen austauschen. Mit viel Mühe hatte Herr Schurich Rolläden an Adolzaides Fenstern angebracht, so daß sie sich an Sommertagen abwechselnd durch schneeige und Schattenstreifen bewegen konnte und auch ihren Schülern eine fein zerschnittene Würde ermöglichte, in der sie die Körper zwischen Tastatur und Pedal mit Klang zu verbinden versuchten. Die Donnerstagsstücke änderten sich nach Jahreszeit, manchmal lag Adolzaides Mutter krank oder sandte störrische, mit der Nähmaschine verfaßte Verrisse aus der Filzschuhkammer, manchmal war Herr Schurich nicht in Stimmung, manchmal Adolzaide; gleich blieb der Wurf ihres Schultertuchs im Winter, eine beredte Geste: Ach, ihr Phantasien, kommt, laßt uns gemeinsam schweifen, ich gebe euch meine Hände, tauche sie durch Musik bis zu euch, und ihr faßt sie wie ein kraftvoller Eistänzer seine Partnerin, ich wirbele herum, aber er läßt mich nicht los, das ist beglückend, vertrauenweckend, unvorsichtig gesprochen: selig … Adolzaide fuhr stundenlang mit Herrn Schurich in dessen Saporoshez herum, sie besaß kein Auto, und es gab für manchen Einkauf weite Wege, einmal blieben Adolzaide und Herr Schurich

Prager Straße 2010

mitten auf der Kreuzung vor dem Block stehen, um eingeklemmt im schnell erhitzten Blechgehäuse über Jazz zu streiten, sie kauften nichts ein, es gab plötzlich so vieles zu bereden; sie heirateten, nach langen Auseinandersetzungen mit der Standesbeamtin, in Schwarz (sie) und Weiß (er), als die Mutter gestorben war; sie hatte bei Brautmoden-Liebig den Stoff für das Hochzeitskleid ihrer Tochter seit zwanzig Jahren reservieren lassen gegen monatliche Gebühr.

All dies geschah im seltsamen, laugenartigen Fluid aus Höhlenlockung, glatt fluchtenden Gängen, die ihre Vorratskammerklinken gnadenloser Langeweile überließen, dem Nachhall entfernt zuschlagender Türen, ein Fluid, in dem meine Erinnerungen allmählich ausklaren, Kristalle in Schönwetterwellen (es stimmt nicht, und doch … die Käfige der Erwachsenenwelt waren noch zu groß für uns) an flachen, warmen Stränden der Kindheit, die vom Magneten der Tiefe schon entkräftet werden; eine Sekunde zurück beginnt der Mahlstrom Vergangenheit, in den alles fällt und fällt.

17

Für ein Stadtkind war eine Straßenbahnfahrt schon eine Reise. Eine Fahrt für Erwachsene – Streifen weiß mit rotem Pfeil – kostete 17 Pfennig, eine für Kinder – Streifen rot mit weißem Pfeil – 8; man konnte so lange fahren, wie man wollte oder bis man etwas Interessantes entdeckt hatte. Luxemburgstraße, Dimitroffbrücke, Ernst-Thälmann-Straße, Fetscherstraße, Trinitatisfriedhof, an der Medizinischen Akademie vorbei nach Blasewitz mit seinen malerischen Villen, dem Waldpark mit gleichnamigem Hotel, Sommer- und Wintervergnügungen, Herren mit Baskenmützen, die dem Kostümverleih Tille entstiegen sein mochten, Duft nach Mottenkugeln schien hinter ihren Schlittschuhbahnen herzuwehen, vermischt mit den Aromen von Nachkrieg und Denkmalschutz. Ein tümpelgrüner Citroën verstaubte mit platten Hinterreifen unter dem Platanengewölbe am Friedensplatz.

Kazzers wohnten Lene-Glatzer-Straße, II. Stock, statt einer Tür gab es einen Vorhang. Herr Opitz pflegte ein Stachelbeergärtchen und zwei Fernseher, einer zeigte in Farbe; Frau Opitz besaß einen Schallwäscher, wegen seines Brummgeräuschs »Waschbär« genannt, den sie in einen Zuber mit Lauge und Wäsche hängte, der Schmutz wurde durch die Schallwellen aus den Fasern gelöst. Das Gerät wurde auch für Abtreibungen genutzt: Frauen setzten sich in eine Badewanne und legten sich den »Waschbär« auf den Bauch. Frau Ludwig hatte rote Zehennägel und einen schwarzen Trabant P 600, den wir Kinder »Kohlenkasten« tauften. Es gehörte zu den schönsten Wochenendfreuden, wenn mein Bruder und ich morgens ins elterliche Bett schlüpfen durften und Vater mit uns »Frau Ludwigs Trabant« spielte: Er, für den wir nach einer arbeitsreichen Woche gewiß eine wahre Plage waren, auf allen vieren, wir auf seinem Rücken, wo er uns, begleitet von schrecklichem Auspuffgegrunz, Heul- und Knatterlauten, hin und her zu schleudern begann. (Auch bei meinem Sohn ein sehr beliebtes Spiel.) In einer der heruntergekommenen Villen in der Nähe des Waldparks hauste Herr Löwe, der sich Stadtbriefschreiber nannte und »ein glücklicher Mensch« war: so unterzeichnete er seine Betrachtungen, die in keiner Zeitung erschienen, sondern beim Kostümverleih Tille, bei Evana Mieder auf dem Weißen Hirsch oder bei Schirm-Dunger am Schillerplatz in den Schaufenstern lagen. Alle diese Geschäfte gibt es, wenn auch unter anderen Betreibern, heute noch – und manchmal denke ich, es hat mit Herrn Löwes Stadtbriefen zu tun. Das Brautmodengeschäft, in dem Herr Löwe arbeitete, gibt es nicht mehr. Man ging dorthin »bei Liebig«, wie es nach einem früheren Besitzer salopp genannt wurde; der Spottmund hatte »Beliebig« daraus geformt, was Herrn Löwes und anderer Mitarbeiter Bemühungen nicht gerecht wurde. Die Villa des Herrn Löwe hatte ein kaputtes Dach, aus dem Birkenreiser sprossen, und zerbrochene Fensterscheiben im Parterre, gegen die eine überforderte und planabhängige Kommunale Wohnungsverwaltung nichts tun konnte – erst als des lokalen Glasermeisters Tochter heiratete und man »Beliebig ging«, kamen Glück und Glas zusammen und blieben, was die Fensterscheiben betraf, unzerbrochen. Herr Löwe wohnte in dem Haus, das voller Stuck und wäßrig verblaßter Malereien war, nicht einmal parterre, sondern im Souterrain – eine erstaunliche Angelegenheit für die Bande, zu der ich gehörte und deren Ataman der aufgeschossene Hans war, Sohn des Bildhauers und Mitarbeiters im Defa-Trickfilmstudio, Kazzer, und seiner sanften Frau, die »nichts übers Herz brachte«, da sie uns Kinder zärtlich liebte. Souterrain, gesprochen »Su-träng«, dort gab es sonst nur Keller, wieso hatte Herr Löwe in einem Keller eine Wohnung? Da mußte es doch feucht sein? Es war feucht; die Kriegstuberkulose brach bei Herrn Löwe immer wieder aus, dann hörte man ihn schon von weitem husten, alle machten einen Bogen um ihn. Er kam in ein Isolierzimmer im Krankenhaus, und wenn er wieder entlassen worden war, rief er schon von weitem: »Ihr müßt mich nich' mehr meiden, 's is' wieder gut!« Su-träng. Dort mußte es doch kalt sein? Es war kalt; selbst im Sommer, wenn im Waldpark die Eis- und Limonadenverkäufer ihre Stände öffneten, sahen wir, die durch eins der verstaubten, das Bodenniveau gerade erreichenden Fenster hinab in die geheimnisvolle Wohnhöhle spähten, Herrn Löwe in Schal und Mantel am Tisch sitzen. Oft trug er Wollhandschuhe mit abgeschnittenen Fingerspitzen. Er las, den Kopf nah am Buch, die Stirn in eine Hand vergraben, oder brütete über dem Kreuzworträtsel der »Wochenpost«, zu deren glücklichen Abonnenten er dank verwandtschaftlicher Beziehungen zum Postzeitungsvertrieb gehörte. Die Entwürfe für seine Stadtbriefe schrieb er auf einer »Erika« der Dresdner Schreib- und Nähmaschinenfabrik Seidel & Naumann; die gültigen Briefe auf Karteikarten per Hand, in schwungvollen, geübten Schnörkeln, um Leserlichkeit bemüht wie Kinderschrift. Er schrieb über Gerüche, die ihm für das Viertel und die Stadt charakteristisch schienen, über das Morgenlicht an einem verlassenen Uferabschnitt der Elbe bei Söbrigen, über Laubfarben, das Pferdefuhrwerk, das mit Glockengeschrill Eisblöcke für die Kühlschränke anbot, die noch nicht elektrisch betrieben wurden; über den Laternenmann, der allabendlich die Blasewitz-Striesener Gaslaternen entzündete, indem er von seinem Fahrrad eine Hakenstange nahm und an der im Laternenkopf befindlichen Drahtschlinge zog; er schrieb über Marabu Fine, die mürrisch in der Adlervoliere des Dresdner Zoos hockte und ein Bild des Grams und des Starrsinns gab, »als wäre sie eine unter die Betonbauer geratene, ihre grundsätzliche Liebenswürdigkeit von den Realitäten erpreßt wissende Architekturkritikerin«.

Nach einem Brief über »Blaueimer«, eine ältere Bewohnerin des Senfbüchsenviertels an der Wieckstraße, wo sich das Kultur- und Buch-Haus Loschwitz befindet, wurde Tibor von Urvasi aufmerksam. Daß Blaueimer den Müll ihres Haushalts, in dem sie mit ihrer hochbetagten Mutter lebte, nur in blauen Eimern wegtrug, genügte nicht, das Unbesiegbare aus diesem etwas despektierlichen Spitznamen zu vertreiben; Herr Löwe schrieb, daß er sich von einer Dame bisher unzureichende Vorstellungen gemacht habe. Blaueimer war eine Instanz, denn sie betrieb eine Laufmaschenreparatur, eines der hierzulande inzwischen untergegangenen, undenkbaren, einst alltags- und damit überlebenswichtigen Biotope. Was tat man in einer Laufmaschenreparatur? Man war sich nicht zu schade, mit einer Repassiernadel dem Auge zu helfen – und sich der Tatsache zu beugen, daß Überfluß Luxus und selten von Dauer ist. Der Damenstrumpf mit der Laufmasche wurde über einen Metalltrichter gestülpt, die Repassiernadel in eine Masche entlang der Laufmasche eingehängt, ein Schlauch preßte Luft in die Nadelzunge, die in druckvoller Kürze hin- und hersurrte und die fehlenden Maschen ersetzte. Kompressionsstrümpfe mußten mit der Hand bearbeitet werden, sie waren zu dick für die feinen Nadeln. Herr Löwe wußte, daß die Philosophie der Reparatur das Geheimnis von Dresden streift, das, verstört von der unablässigen allgemeinen Wanderschaft, zum Bleiben einlädt. Weswegen der gedeckte Kaffeetisch mit seinem Verweis auf langes Sitzen eines der Wahrzeichen der Stadt ist. Eine Laufmaschenreparatur war mehr als ein den Notständen geschuldeter Dienst. Es war eine Filiale des Amts zur Wiederherstellung der Schönheit. Blaueimer arbeitete am Frieden mit den zartesten, gewöhnlichsten Dingen, die in Kriegs- und Mangelzeiten als erste fehlen.

Tibor von Urvasi, Vorsitzender der Quitten-Gesellschaft, betrat das Brautmodengeschäft und bat um Herrn Löwes Adresse. Die Quitten-Gesellschaft hatte sich der Pflege wenig beachteter, im englischen Sinn exzentrischer Angelegenheiten verschrieben; Urvasi beispielsweise arbeitete seit Jahren an einem Aufsatz über Mörtel, den er zusammen mit zwei fertigen über Plaste und über Zement zu einer neuen, mehr subversiven Trilogie der Leidenschaft zu bündeln beabsichtigte. Musikkritiker Däne referierte über »Die Reize des Gerade-Noch«. Die »Quittung«, das Periodikum der Gesellschaft, an allen Druckgenehmigungen vorbei in bis zu sieben Schreibmaschinen-Durchschlägen verfertigt, lag in Urvasis Wohnung neben der Standseilbahn aus; das mit einer Veritas-Nähmaschine gegarnte Heft enthielt Reiseberichte, Glossen über Erlebnisse an bulgarischen Busendhaltestellen, Typologien von Dresdner Katzen und Pferderennbahnbesuchern, Feuilletons über Fliegenfischen. Für neue Mitglieder war eine Bemerkung über die namengebende Frucht der Gesellschaft obligatorisch. Während der Aufnahmezeremonie in Urvasis Garten setzte Herr Löwe ein Quittenbäumchen und trug unter den gelben Tüpfelschatten einer prachtvoll gewachsenen Konstantinopler Apfelquitte seine Einstandsschrift vor: »Betrachtung über die Vernachlässigung mit besonderer Berücksichtigung des Souterrains«, obwohl Urvasi nach seinem Besuch »bei Liebig« sich einen Brief über Schwiegermütter gewünscht hatte.

18

Herr Jakob, genannt Karajan vom Schillerplatz, hob den Stab, ließ ihn exakt über dem Scheitel der Mütze verharren, zypressengerade stach er in die von Abgasen und Straßenstaub verschmutzte, von Oberleitungen vergitterte Luft –

Dresden ist eine doppelte Stadt, Schiller- und Körnerplatz suchen die Balance an einer begehbaren Waage namens Blaues Wunder. Die Elbe, mit Beginn der warmen Jahreszeit ein lesender, wie auf Kugellagern gleitender Fluß, überkreuzt vom diplomatischen Corps der Fähren, ist zu breit, um Alt- und Neustadt zu verbinden. So kommt es, daß die so wenig selbstgefällige Stille der Blasewitzer Seitenstraßen, die pompösen, aber hilflos wie auf Sandbänken liegengebliebenen Villen mit ihren noblen Sanktionen gegen »das Offizielle« nur selten die Häuser der anderen Elbseite besuchen, die sich vor dem Traum des Flusses abendlich zu sammeln scheinen, bis er sie und ihre absichtslose kleine Reise, ganz aus dem Augenblick und der Daseinsfreude improvisiert, mit der Geruhsamkeit einer väterlichen Hand auf seine Decks bittet. Der Weg eines Kindes, die Linien einer Schwimmerin, die betuchte Siesta einer Buchecker unter gleichgültig nicht einmal auf den eigenen Frühling achtenden Kirschbäumen vermag sie zu verbinden, so daß die Konturen einer imaginären Demokratie der Namen entstehen, Friseursalon Harand, Kosmetiksalon Nofretete, Zigarren-Ziegenbalk, dessen Produkte, wohlschmeckend oder nicht, alle geküßt werden wollten, Elektro-Schäfer, der vor Weihnachten, wenn die Elbe die Beschaffenheit von Wagenschmiere annahm, den gesamten Schillerplatz zu einem sterneschüttenden Füllhorn illuminierte, Leder-Näter, wo ich meinen Schulranzen bekam, Drogerie Weigelt mit ihren wie von fernen Gestaden angespülten Salben und Ingredienzen (Schellack und Borneo-Naphtha, Flüssigbohnerwachs, Blattlausgift und Deos von Florena mit einer eben den pflegenden Wassern entstiegenen Aphrodite); ich sehe die Alltage mit den Feiertagen des Körpers eine Allianz der Wohltaten eingehen (Dresden, eine Kinderstube der Nahrungs- und Genußmittelindustrie) und ihre anmutigen Töchter Berührung, Reinigung, Entspannung die Hochzeitsverträge aushandeln.

Durch seine Lage »unten«, am Fluß, nahm Blasewitz näher an den städtischen Obliegenheiten Anteil als die »Häuser auf den Hügeln«, die zu entrückt und provinz-olympisch schienen, um sich für die Polis anders als »leitend« zu interessieren, sie anders als steuermännisch zu kommentieren, man war ja schließlich wer, man war »der Hang«, nicht »die Stadt«. In Blasewitz lebte man in Rufweite des Zentrums, blieb gewissermaßen in Bereitschaft wie Orchesterdirektor Arthur Tröber, der von seiner Wohnung in der Lene-Glatzer-Straße lange und nachdenklich in die Sickingenstraße sah, oder die Assistenzärzte in den Sechzigern und Siebzigern, die es nicht weit bis zur Medizinischen Akademie hatten. Der Schillerplatz war ein Ort der Waren; hier wurde herangeschafft, hier endeten viele Peripherien, und selbst weit »überelbsche« Bewohner

Elbfähre Pillnitz 1985

nahmen den Weg über die Brücke, um einzukaufen, das Angebot war stadtbekannt: Die ansässigen Geschäfte hatten das Bestreben, möglichst viele der knappen Güter auf Vorrat zu haben, sie pflegten eine traditionelle Auffassung von Berufsehre und jenen eigentümlichen Stolz, der sich im Wort »... von ganz Dresden« ausdrückt. Und wenn Herr Jakob, genannt Karajan vom Schillerplatz, den Stab dann niederzucken ließ, gestattete er dem Verkehr, seine vorübergehend unterbrochene Machtausübung wiederaufzunehmen, wie ein guter Dirigent seinem Orchester Momente der Freiheit läßt, damit es die Energie des Zwangs mit der Energie der Zügellosigkeit befeuern kann, und wenn Herr Jakob die für ihn so charakteristische tänzerische Wendung mit einem Körper vollführte, dem das En-garde-Weiß des Uniformfracks einen rittmeisterlichen Habitus verlieh, während die gefechtserprobte, mit Elsterglanz aus Weigelts Drogerie polierte Reihe der Knöpfe die Aufmüpfigkeit eines Mopeds, das Autorität anzuzapfen versuchte, mit einem Echo aus gleißenden Warnungen quittierte, wenn Herr Jakob dann die Linke mit der Trillerpfeife mehr nachsichtig als entschieden zu einer Fermate hob, öffneten sie ihre detailtrunkenen Bullaugen, die als Einzelhändler getarnten Flottillen der Verschönerung und Beispiele für unnachahmbare Leben.

Auch bemerkte man, wenn man durch Blasewitz ging, wie nah die Elbe immer blieb, wie wenig Boden das Protzerische deshalb im Dresdner Geist einnehmen konnte (man durfte nie selbstsicher genug dafür sein); der Waldpark und die mittlerweile von Kanzleischildern versilberten Perspektiven der Mendelssohn- und Goetheallee, des Vogesenwegs und der Prellerstraße wirkten urban und un-aquatisch, hier lebten Landbewohner, die die Drohungen des Flusses weit genug aus dem Bewußtsein geschoben hatten, um sie im Alltag zu vergessen, sie hatten nicht die Seerosengärten, den Geruch nach Froschlaich und Brunnenkresse in den Kellerwinkeln wie die Antipoden in Loschwitz. Dennoch hat es auf beiden Seiten beim Hochwasser 2002 die bekannten Überschwemmungen gegeben; in Blasewitz für ein Hanggewächs wie mich, das seine Kindheit auf der Lene-Glatzer-Straße im idealisch trockenen Schimmer der Sorglosigkeit sieht, mehr zum Erstaunen, Loschwitz traut man das Wasser und die Folgen seiner Angriffe eher zu, obwohl Blasewitz nicht von ungefähr auch »Schwemmland« genannt wird. Am Schillerplatz, in der Bucht vor dem Schillergarten, wo der Wochenmarkt stattfindet und man The Brain of Blasewitz (Bernd Beyer, Bariton) im Gespräch mit Drogist Weigelt und der Eigentümerin der »Cleiderei Rosenpfeffer« finden kann, wo man die Swingsixties und Walzerschritte aus dem Elbehotel, den Sälen der Tanzschule Jöhren-Trautmann, Schillerplatz 6, wiederzuhören vermeint, wo man noch Glasknöpfe bekommt, die sonst wohl nur noch Knopf-König, Wien, führt, hatte ich gelernt, den Blick von außen als Erkenntnis-Instrument zu gebrauchen – nirgendwo sah ich stärker, daß die Elbe nicht notwendigerweise am Elbhang, die Szenerien zwischen Pillnitz bis Loschwitz auf der einen, Kleinzschachwitz bis Blasewitz auf der anderen Seite fließen mußte, daß auch der rauhere, von Seevögeln gehißte Himmel Hamburgs als ihr Spiegel möglich wäre, oder eine andere Zeit: Augusts Canal-grande-Gondel, Kriegsboote, von Bomätschern die Treidelpfade entlanggehievte Lastkähne statt der ČSPLO-Schlepper aus dem Böhmischen und der fragil wirkenden Dampfer der Weißen Flotte.

Wie es den gleichen Zelltyp in verschiedenen Organen oder Strukturen gibt (Nervenzellen im Rückenmark, in der Muskulatur, im Magen), dachte ich, daß es bestimmte Formen Dresdens, ein jeweils besonderes Gewebe, unabhängig von der topographisch zugemessenen Anatomie gab und anderen Verteilungsgesetzen folgte als denen der Morphologie; das rauhe und schmucklose Dresden von Gorbitz und Prohlis, auch manche resigniert anmutenden Orte in Leuben und der Südvorstadt, die von Automeistereien, »Rewe«- und »Netto«-Supermärkten, Fensterflächen, betäubt vom dutzendfach wiederholten »zu vermieten«, »Pfennigfuchser«-Schnäppchen und jenen Vorstadtlädchen gekennzeichnet sind, die »Bei Tino« oder »Salon Ilona« heißen, die Brachen des Industriegebiets vor der Autobahnausfahrt Nord bildeten eine gemeinsame Auffassung von Stadt; das dichtbesiedelte, von der Kesselsdorfer Straße erzogene Löbtau mit Musenhalle und Dreikaiserhof, beide im Krieg zerstört, Stehbierschenken, proletarisch-kleinbürgerlich geprägten Gründerzeitstraßen schien eher zu Leipzig als zu dem Dresden

Weißeritz Cotta 1985

zu gehören, das mir vertraut war; bei Musik-Meinel in der Neustadt, Ecke Görlitzer/Louisenstraße, war so viel vom Dresden der Zurückhaltung bei gleichzeitiger neugieriger Gesprächigkeit zu spüren, wie es für den alten Schiller- und Körnerplatz kennzeichnend war (und, was den Körnerplatz betrifft, noch ist) mit ihren einen geruhsamen Gang gehenden Geschäften, die Verweilen, gegenseitigen Besuch und Absprachen, Unterhaltung schon in den Eigenheiten der zum Verkauf stehenden Ware begünstigten: Samen-Görn mit seinem Arche-Noah-Sortiment an Pflanzensamen, Rad-Päperer, der die Felgen unserer »Diamant«-Rennräder auswuchtete und so manchen entlegenen Artikel vorrätig hatte oder auftrieb, wenn anderswo hoffnungslos die Hände gebreitet wurden, Friseursalon Degenhardt, jetzt Lampenmanufaktur Zschiesche, Fotoatelier Schumann, in dem Generationen zahnlückiger ABC-Schützen Zuckertüten hochhielten, Vierzehnjährige sich für den ersten Personalausweis fotografieren ließen, Brautpaare ein Lächeln in den Zeitfrost von Plattennegativen und Orwo-Papier aus dem VEB Fotopapierwerk Dresden, weiland Mimosa Foto AG, zur Aufbewahrung gaben. Die Straßenbahnen, die wie Endoskope durch die asphaltierten Speiseröhren zwischen Zentrum und Peripherie fuhren, hatten nicht nur unterschiedliche Nummern, sondern glitten durch unterschiedliche Welten, die nur scheinbar eine gemeinsame Sprache und den gemeinsamen Auftritt hatten, der im Namen einer Stadt vorbereitet wird. Dresden bewahrt einen Schlüssel zu den Labyrinthen, verbunden durch die Wege der Verwaltung, ein Sonderreich, beschattet von spezialisierten, Zuständigkeiten überprüfenden Baumkronen, eingeteilt in aktenkundige Provinzen, zu denen das Rathaus mit seinen kühl verwelkten Fluren gehört, hinter denen Keramiksicherungen die fahnenschwenkenden Zeitalter überlebt haben (aus denen zuletzt Sand rieselte); die Papierlungen der Meldeämter auf der Theaterstraße; die an langsam bewegten Tentakeln arbeitenden Tastsinnesscheiben der Staatskanzlei; Finanzämter, in deren Allesfressergebiet man niemals ungestraft einen Handschuh wirft; die an den Nabelschnüren einer Stempel-Gottheit flottierenden Anwalts- und Notarkanzleien: sie alle bilden eine Geographie, die eigenen Gesetzen und eigener Schwerkraft folgt. Mit dem Schillerplatz verband sich die Vorstellung des venezianischen »kleinen

Platzes«, des Campiello, und ähnlich wie Satelliten-Module zu einer Orbitalstation verbunden sind, scheinen die der Oper, dem Wasser und dem Gedanken der guten Nachbarschaft zugetanen Orte dieser Welt zusammenzuhängen. Auf unserem Dresdner Campiello herrschte zuviel Verkehr. Karajan vom Schillerplatz nickte, der Statthalter-Stab kreiselte, lud freundlich ein: Bitte. Sie dürfen.

19

... ein blauweiß gestreifter Schirm, Modell »Passat«, öffnete seine acht Achsen unter Schirm-Dungers überraschend grob zufahrenden Händen und schien zu sagen: Sieh, wohin die Blicke sich zerstreuen, sie haben ein Zentrum, die Farbe des Himmels und der Gischt, die ein Windjammer durchschneidet, das Blauweiß des Meeres, dessen Brandung ich hörte; aber diese Dame fährt in Düsseldorf spazieren auf der Kö, Modell Fornasetti rot mit Montgolfières, unverkäuflich, ein Geschenk von Schirm-Oertel zu Bremen; dieser Herr wartet bei Parlamentsgesprächen in London, Modell Brigg, Prince of Wales, Griff aus Malakkarohr, Geschenk der Fabrica Ombrelli Maglia zu Mailand, unverkäuflich; noch einmal das Universum der vergangenen Augenblicke, wenn der Schirmfabrikant, Schlechtwetter-Kaufmann und augenzwinkernd selbsternannte Schirm-Herr Dunger mit einer Packung ganzjährig vorrätiger Dominosteine sowie einer Flasche Kräuterlikör Stichpimpuli bockforcelorum von Feinkost-Fendler nach nebenan zum Zigarren-, Konzertkarten- und Zauberzubehörverkäufer Ziegenbalk ging, um dort bei Erzeugnissen aus den VEB Tabakfabriken Dingelstädt und Treffurt mit Namen »Die Schöne«, »Sprachlos«, »Don Ramiro Brasil«, zu seltenen Anlässen auch einer »Partagas Lusitania« oder »8-9-8« (»totalmente al mano, tripa larga«) aus dem befreundeten Kuba die Neuigkeiten des Tages auszutauschen; ein blauweiß gestreifter Schirm, Modell »Passat«, von keinem Windstoß besiegt und »blickdicht-unverwüstlich« gewebt, trieb die Elbe hinab, zu Asche sollt ihr werden, sagte Herr Ziegenbalk, wenn ein Kunde herrisch auf das

Thekenbrett klopfte, zu seinen Schutzbefohlenen in den mit eigens entwickeltem »Z« gebrandmarkten Kisten, all den noch »für den Herrn und Kenner« auf Bestellung in Ziegenbalkscher Manufaktur hergestellten Longfillern, Trüllerien, Mischungen »für naturbelassene Stunden« und solchen »für dazwischen«, und Herr Dunger, im besonnenen Widerspruch zu seinen Überzeugungen als Einzel- und auch sonst bedrängter Händler, merkte an: Entschuldigen Sie bitte, aber Sie erklären der Stille soeben auf Kosten der schönen Leichtigkeit den Krieg, und Herr Ziegenbalk ergänzte: Sehnse, wir müssen doch für die Erinnerungen sorgen, die man mal an uns haben wird: ein blauweiß gestreifter Schirm, der auf der Elbe davontrieb mit Heinz Dungers, des Herrn der Schirme, Asche.

20

Löbtau: Als würde die Kesselsdorfer Straße, mit ihrem Verkehr, den geräuschvollen Bahnen, allen Lärm des Viertels zusammenraffen – in der Bünaustraße, unerwartet gediegen und gepolstert von Erlweinbauten, am berlinisch überspielten Schillingplatz, ist es abrupt still, vielleicht tut auch der nahe Annenfriedhof ein übriges; in den Linden der Bünaustraße stecken nicht nur die Plaketten des Grünflächenamts (ihr ehrenwerten Ritter: seid gezählt), sondern auch die Echos von Kuckucksrufen und jenen kleinen, erstaunlich mühelosen Fluchten in die farnbesponnenen Deltas, in die der steinerne Fluß aus Häusern und Mauern an den Rändern der Stadt ausfingert. Die Bünaustraße wirkt (und auf angenehme Weise selbstverständlich) vornehm, es ist eine zum Gebrauch bestimmte, alltäglich benutzte Vornehmheit, die in Dresden, das vielfältigen Mangel kennengelernt hat, selten geworden ist: Reichtum, so überflüssig vorhanden, daß man selbst in der Vorstadt, in den ins strikt Einheimische übergehenden Zonen, irgendeinen »dieser Paläste« bewohnt und es sich leisten kann, in einer Stadt, in der das Amt des Chefkonservators die höchste zu erreichende Stellung zu sein scheint, sich um Vorbesitzer, frühere Bedeutung und Geschichte nur mit einem Achselzucken zu scheren. Am Bünauplatz, der den kaum einen Steinwurf entfernten Schillingplatz doppelt, liegen gelbe Klinker-Tanker auf Reede und scheinen auf Hafenkräne zu warten, die die Erzählungen von einem zum andern heben, auf daß die Erwachsenen mit gegenseitigem, freundlich gemeintem Kennenlernen einholen, was ihnen ihre Rangen in den beiden verfeindeten Banden, in die ein solcher Platz gern getrennt ist, an Kenntnis der Schwächen der anderen Seite, der Durchschlupfe und Schmuggeleien zwischen den Fassaden der Wohlanständigkeit voraushaben. »Spezialwerkstatt für Leder- und Motorradbekleidung«, »www.uhren-klinik.de«, die ungeschliffenen, von Hitze glasierten Mauern, an die früher Schreibmaschinenschrift geprallt sein mag, heute die allgegenwärtige Amts-Helvetica, so daß mir der Gedanke kommt, warum diese gleichsam mit der Axt zugehauene, aller Löckchen beraubte Schrift nicht nur in Behörden verwendet wird, sondern auch in Briefen, auf offiziellen Homepages so auf dem Vormarsch (unerschütterlich im $^4/_4$-Takt eines Tambour-Roboters) begriffen ist; Ausdruck einer Sehnsucht nach Unmißverständlichkeit? Und genügen ein paar Hinweise auf friedliche Gewerke, der Vorstellung zu widerstehen, daß dies auch ein Platz für eine Filmeinstellung wäre: rechts flaggen die Kommunisten, links die Nazis, dazwischen tragen Laufjungs Zeitungen aus, die sich gleichmäßig im hohen Bogen nach beiden Seiten senken aus einer beweglichen und pfiffigen Mitte, die sich duckt und dünnemacht, bevor es Kloppe setzt.

Durch die Anton-Weck-Straße blickt man auf drei pfefferminzgrüne Schlote, die wie Harpunen die Bläue des Sommerhimmels abwehren – fremd und unaufgeregt wie ein Buddha, unter dessen großer Zehe sich ein Tourist reckt, die vielfältigen Ansprüche einer Gegenwart von sich weist, die sich viel zu wichtig nimmt, weil sie nicht ahnt, wie lange schon dieser Gott ohne Geld und Steuerformulare auskommt. – Wie still es bei einem Fußball-Gipfel ist … (»jetzt«), nach dem 4:2 gegen England (denn Lampards Schuß war drin) in Bloemfontein, nach der Ungläubigkeit, die an diesem überheißen Siebenschläfer in der Blattmoussade des Viertels herrscht, als wäre eine verspätete Weltkriegsbombe gefallen, die ein tückischer Racheengel der Zeit auf Reserve behalten hat und erst vor einer Sekunde ausklinkte (manchmal darf Ironie ihre juckende Schulter am Keilerstamm der Vorurteile scheuern), erinnere ich mich an die Vorstellungen der Rundfunkkommentatoren, das Begeisterungs-Crescendo, das seine Herkunft aus den Waffengängen der Riefenstahlfilme nie ganz abzustreifen vermochte, eine habichthafte Angriffslust, die aus den Schlachtgesängen der Tribünen und dem Frequenzqualm der Radioröhren ihre Fänge zum nervtötenden, metallischen Orgasmus eines Sturzkampfbombers herabstieß, und ich hatte, abgesehen von den Bemühungen der Reporter, aus Fußtritten in einen Lederball die ganze Welt herauszustreicheln, den Eindruck, daß sie mit der Statik der Verhältnisse um das Stadion unzufrieden waren, das graue Häuser belagerten wie Hungernde eine Suppenküche; daß die Dinge »draußen« für sie in einer hoffnungslosen Stase vertäut lagen und der schwermütigen, klaren Einfachheit gehörten, mit der ein Insekt vom Harztropfen gefangen wird und in die Biographie des Bernsteins übergeht. Vielleicht auch lag es daran, daß man es in Dresden hörte, wenn die Meerriesen Hamburgs grüßten. Abgeschnitten von der salzigen Seeluft, die aus der anderen Elbstadt mit mächtigem Schub in die Rücken der Reisewilligen fährt, höre ich die Tollkühnen Reporter (das waren wir Jungs) vor den Fliegenden Transistor-Kisten die Klassiker kommentieren, als ob wir, Baumwolltrikots mit von unseren Müttern aufgenähten Nummern übergestreift, die uns nicht gehörende und uneinholbare Vergangenheit in unsere Gegenwart zu retten hätten, wir, mit Gewesenem vollgestopfte Chronisten und Balleleven in Betriebssportvereinen namens Motor Loschwitz, Empor Tabak, FSV Lokomotive, deren Sportplätze, die Zehnstufentribünen, rostigen, von Vorstadtfreuden und -enttäuschungen schiefgerüttelten Geländer, der Turm (wenn es denn einen gab) mit einer Uhr und einer hölzernen, per Hand zu bedienenden Anzeigetafel (»Heim« – »Gäste«) gegen die aufgeblähten, werbeüberglitzerten, unter Plastposaunen-Jerichogedröhn und La-Ola-Wellen wummernden Hovercrafts von heute armselig und unrettbar provinziell wirken – und doch, wieviel lieber als die modernen Kolosseen mit den Namen, an denen keine Glorie haftet, sind mir diese Bolzplätze, deren Umkleidekabinen nach dem Schweiß der Maschinenschlosser und unserer Angst vor autoritären »Weisungsbefugten« stanken, die mit ausgeblichenen Wimpeln und schwarzweißen Fotos drohten, gekachelten, von Fußpilzwarnungen entehrten, nur mit Badeschlappen zu betretenden Gemeinschaftsduschen; Stadien, deren Rasen von Wühlmäusen zerbuckelt war und sich bei Regen in einen Teich verwandelte, in dem wir, beide Mannschaften nach wenigen Minuten in einheitlichem Drecksgrau, in geliehenen Bata- und Germina-Schuhen (mit neun Stollen hinten) wie aufgescheuchte Wasserrallen hin und her platschten, während der Ball, eine handgefertigte Lederkugel, deren Nähte vor und nach den Spielen einzufetten waren und von einer mit Nadelventil-Ballpumpe belüfteten Gummiblase gestrafft wurden, widerspenstig und vollgesogen im Matsch klebenblieb, obwohl wir stürmten, was das Zeug hielt. – Grosics, Czibor, Puskás, Kocsis, Hidegkuti. In der Stangestraße, Weißer Hirsch, wohnte Herr Rigo, ein Ungar. Wir kannten die Geschichten des Wunders von Bern von der deutschen Seite; er erzählte die andere: daß die »Goldene Elf« (»Aranycsapat«) aus Angst vor den Reaktionen auf das verlorene Endspiel weit vor Budapest aus dem Zug stieg und sich zu Fuß, heimlich wie Landstreicher, über Acker und Wiese nach Hause schlich, geknickte, um ihr Leben fürchtende »Magische Magyaren«; Torhüter Gyula Grosics wurde der Spionage verdächtigt und unter Hausarrest gestellt, von Honved Budapest zum Provinzklub Bányász Tatabánya verbannt. Lóránt, Lantos, Budai, Bozsik, Buzánszky, Zakariás. Jedes ungarische Kind kannte die Namen. Und wir – vielleicht aus der seltsamen Ahnung, daß diese Niederlage auch mit uns zu tun hatte, die wir Rahn und Fritz Walter anfeuerten und Walters Buch »3:2« zu Altpapier lasen.

Der Trainer. Er nannte uns »meine Jungs«, übte das WM-System und das englische »kick and rush«; und wenn er bei Laune war (so, unabhängig vom Ergebnis, wenn wir »Charakter gezeigt«, wenn wir »gekämpft und alles gegeben« hatten), erzählte er vom Jongleur Rastelli und seiner Bühnennummer vor den Spielern im DSC-Stadion, auf das die erste Bombe des 13. Februar 1945 fiel, und begann, der Trainer, wobei er die Hände in die Taschen steckte und eine chaplineske Nonchalance erreichte, zu »zaubern«, ließ den Ball auf der Brust rollen, auf der Stirn tänzeln, setzte sich, stand wieder auf, holte für den besten Spieler des Tages eine Brause, ohne seine Kunststücke zu unterbrechen; forderte uns, die wir natürlich auf ein wenig Demontage brannten, zum Angriff, ihm den Ball abzunehmen, was nicht gelang, einen um den anderen »seiner Jungs« ließ er lässig stehen, rief, im Lauf der Minuten abgerissener, die sagenumrankten Namen der Rot-Schwarzen, des Dresdner Sportclubs, über den Platz, der uns, nicht aber ihm, ein zähes Geläuf war, rief: »Helmut Schön, ›der Lange‹, hab ihn gekannt, nu isser Bundestrainer« und »der Pohl, stellt euch mal vor, hatte nur einen Arm, und damit die gegnerischen Stürmer umkurvt« und »Fritz ›Machete‹ Machate, der Torjäger« und »›König‹ Richard Hofmann, mit Kopfverband und Ohrenklappe, er hatte ein Ohr verloren, wenn der losbombte, zitterte das Torgebälk«; neckte, der Trainer, unaufhaltsam schon auf dem Weg in den Strafraum, unseren Torwart mit Vergleichen zum »schönen Willi, Willibald Kreß, der hat selbst dem Schalker Kreisel standgehalten«, schilderte, Ball kurz über Spann, Knie, Hacke, Spann, während wir reihenweise ausrutschten und wütend im Schlamm steckenblieben, wie der schöne Willi zum Entzücken der weiblichen Fans anfliegenden Flanken elegant entgegengesegelt sei und ihnen unter Abnahme seiner Schiebermütze, damals von allen Torhütern getragen, die Reverenz erwiesen habe, »natürlich weggeköpft, niemals Leichtsinn«. Wir hatten schon die Hände sinken lassen, wenn er einschoß, der Trainer, ein korrekter, liebenswürdiger Mann, für den man »erledigt« war, wenn man zu spät kam, und der, so ging ein nie verstummendes Gerücht, der Henker von Dresden gewesen sei in den fünfziger Jahren an der Fallschwertmaschine im Gericht am Münchner Platz und diese Maschine, schon von 33 bis 45 im Gebrauch, noch selbst aus einem gefluteten Steinbruch, wo sie voreilig versenkt worden sei, geborgen habe.

Die Gegend des städtischen Magens hat mich immer angezogen. Sie ist mit Leben befeuchtet, das man nicht erst nach Verbindungswegen zum Alltag absuchen muß wie Bauten oder Dinge, die nie etwas mit einem Küchentisch zu tun hatten. Mich fasziniert, daß diese Stadt in der Stadt (eine auffällige Abkapselneigung bedingt Zutrittsregulie-

Prager Straße 2010

rung, eigene Codes, eigene Formen von Frieden und Kriminalität) sich in den Dienst der Hegemonie des Traums stellt, des willentlich im Begehren nach Schönheit errichteten Namens – und daß sie gleichzeitig ungehorsam ist, um ihre Würde und Stärke weiß, den Mythos nicht nur ermöglicht, sondern durch Widerstand vorantreibt. Sie scheint das Überflüssig-Nutzlose, als das man einen Zwinger, ein Schloß, die Oper durchaus sehen kann, zu wollen, als ob die Industrie ahnte, daß sie kein Königtum hervorbringen wird und es doch (und wäre es gegen die Langeweile) im Grunde braucht. Löbtau und der Elbhang sind Pole, und es ist, abgesehen von logistischen Erwägungen, wohl kein Zufall, daß sich das Kraftwerk Nossener Brücke in dieser Spannung aufhält, sie sogar weniger erzeugt als abzuschöpfen scheint; Löbtau hat, wie der Befehlshaber einer Drückerkolonne, einen stahlbeschlagenen Arbeitsschuh in der Tür, hinter der die Dresdner Mythen gerne unter sich wären. Nossener Brücke, ein federnder Viadukt, in der Ferne der Grünsaum des Elbhangs, davor schwimmen wie Treibminen die Kuppeln von Schloß, Frauenkirche, Rathaus im Geglitzer aus Gleisen und Stromleitungen; die Boje einer exakt auf 12 stehengebliebenen Reichsbahnuhr (der Mittag macht alles gleich, nicht die Nacht) verharrt in der zähen und unermeßlichen Belagerung, als die Löbtau gegen die »liebliche Landschaft« quillt, dazwischen, ein hydraulischer, schiedsrichterlich gestimmter Riegel, die Elbe. Der Canaletto-Archipel hängt in der bitteren Umarmung aus Rost; ein paar Schwammbänke voller Perücken widerstehen noch den Angriffen der Turbinen, die im Kraftwerk (zentraler Betriebshof der Drewag) gefahren werden und von einer Marine aus zerschrammten Hochhäusern Flankenschutz erhalten, die auf der weißen Hitze von Salzfeldern zu dünen scheint und dennoch von ihrer sachlichen Erscheinung abstischt: über den Schuttplätzen, auf die sie die im Echo einer solchen Dürre wartende Flut spülen wird, steigen Heidelerchen und ihr so ungewohnt verbrannter, knisternder Gesang.

Spuren. Daß von Atlantis nur eine Telefonzelle blieb. Von der Glasfabrik, die ein Siemens gründete, ist der Behang des Semperopern-Kronleuchters übriggeblieben. Im Reichsbahnausbesserungswerk, einst Außenstelle des KZ Flossenbürg, Hallen und Bahnerstolz längst in den geschwollenen Bizeps der Friedrichstädter Gleisanlagen eingeschmolzen, fertigte man Lok und Anhänger der Pionier-, heute Parkeisenbahn im Großen Garten. Die Bienertsche Brotfabrik wird vom Waldmeister erobert. Die Begerburg, in der Klemperer zum ersten Mal aus seinem Buch »LTI« las, beugt sich mit der schwindelfreien Melancholie von Marionetten, die nach dem Spiel auf der Bühnenkante hängen, über den Plauenschen Grund.»Dienstleistungen« steht, die Flucht einer mit Plakatfetzen bepelzten Litfaßsäule verlängernd, am Eingang Oederaner Straße, eine brutal von allen Illusionen abgeklemmte Rinne voll ockerfarbener, zwischen schwärenden Fenstern siedender Glut; ein Haus-Skelett im Schwitzkasten eines Elektrizitätsmasts prallt auf den azurgetünchten, sanierten Leib des Kraftwerks; seitlich davon knickt die Saxoniastraße ab wie ein grüner Zweig vom kahlen Ast, ein gepflastertes, laubbeschattetes Schein-Idyll: die Häuser bedecken ein Kanonenbohrwerk, die Spiegelschleife, Salpeterschichten aus der an der Weißeritz gelegenen Pulvermühle, die immer wieder in die Luft flog und immer wieder aufgebaut wurde; der Block mit dem Durchgang in Richtung Ebertplatz und Siebenlehner Straße verbirgt unter dem frischen Putz die Mühseligkeit von Reinigungstagen im Löbtauer Volksbad und den Hofschuppen, in denen die Mietwannen für die Wohnungen ohne fließend Wasser standen.

Die Fleischfabrik: eine gemauerte Schnecke. Eisenrippen unter roher Ziegelverkleidung, dem Schwung der Fabrikstraße folgende Fassade, die mit Holz verschalte Glaskuppel, früher zu Reklamezwecken beleuchtet, ein Wahrzeichen der nächtlichen Stadt, dient einem Turmfalkenpärchen als Nistplatz. Ehemaliger Fleischverarbeitungsbetrieb der Konsumgenossenschaft »Vorwärts«, auf dem Hof, mit Zufahrt zur unterirdischen Anlieferung, ist eine Kastenuhr stehengeblieben, Laderampen haben den Anakondaleibern einer Fernwärmetrasse nachgegeben. In der lastenden Stille, die vom Eisenbahnmuseum auf der anderen Seite der Nossener Brücke mit zwei in der Hitze ausharrenden, feuerroten Loks aufgelassen wird, nimmt dieses Industriedenkmal den Charakter einer Ausgrabungsstätte an, eines Überrests, freigeschleppt

Frauenkirche 2010

aus pompejanischem Dunkel, das einen Gullydeckel mit der Aufschrift
»Fettfang«, die rapsgelben, mit blauen Randstreifen versehenen Kacheln des Haupttreppenhauses mit der unerwarteten Anmut von Bilderfriesen verbindet, die ein Taucher vor einer Küste entdeckt oder ein Archäologenpinsel im staunenswerten Schutt. Fragmente einer doch kaum vor einem Augenblick versunkenen Antike, Wandbilder, wie sie im Stammsitz von Villeroy & Boch auf der Leipziger Straße, später VEB Sanitärporzellan, dann Duravit, ihrer Abwicklung geharrt hatten; im Speisehaus des VEB Strömungsmaschinenbau Pirna (ehemals eine Triebwerkfabrik für die DDR-Luftfahrtindustrie) unter dem Titel »Die Entwicklung des Flugwesens« existierten, schön chronologisch Montgolfières, Doppeldecker, der Gleiter Lilienthals von den Lichttütenarmen eines Kronleuchters verteilt, der Saal mit schwarzen Säulen und gelben Kacheln, durchlässig bis zur von Serpenten und Lindwürmern bewohnten, mit den Alchimistenfluren der Tierarzneischule und den Zahnpastaküchen verwachsenen Mohrenapotheke am Pirnaischen Platz – und überhaupt, diese Wandfriese von Dresden. Wie wenig hat das scheinbar zu tun mit der wohlhabenden Stadt unter den wie Klüver gefüllten Standarten des Kaufhauses Renner (zerstört, zweimal enteignet) am Altmarkt, Blick auf die pathosgefleckte Germania, Zeugin der Leichenverbrennungen in den Tagen nach dem Bombardement, mit den »einflußreichen Familien«, zu Staub entrückt und gleichzeitig mit der Sepia der Vorzeit imprägniert: Odol-Lingner, auf dessen Mundwasserflaschen mit dem unverwechselbar seitab gebogenen Hals ein Schloß in den Elbhängen errichtet wurde, in dem es einen Privatzoo und, im Festsaal, eine Jehmlich-Orgel nebst eingebautem Spezialtelefon zum Mithören für Freunde gab; Mäusegift-Ilgen, eitel genug, einen Luxussarg gut sichtbar im Entree seiner Blasewitzer Villa aufzupflanzen, Sport-Sponsor en gros und Stifter der Ilgen-Kampfbahn, später Rudolf-Harbig-Stadion und Dynamo-Heimstätte, von vier Flutlicht-Giraffen erhellt; die Bankiersfamilien Arnhold (der Dresden das Arnholdbad verdankt, Emigration), Kaskel, Gutmann (Begründer der Dresdner Bank, Fritz und Luise Gutmann: Deportation), Kap-herr: sie alle gehörten zu den zigarrebewehrten, ungeduldig auf eine Taschenuhr von Lange & Söhne blickenden Unternehmern, wagemutigen, vom

Stresemanncut gestreiften und beim Trappeln der Hofequipagen aufhorchenden Selfmademen, die die »besseren Kreise« des Vorkriegsdresden bestimmten und Gegenstand teils ehrfürchtig-anekdotengewürzter, teils zurückhaltend-abfälliger Gespräche waren, Gespräche, die die alten Dresdner über ihr im Fastnachtsphosphor verbranntes Atlantis führten, das für mich, den aufmerksam Lauschenden, zur Wohnstatt des ein wenig unglaubhaften, immer weiter beschmückten, in Orienttabakduft und Schokolade gekleideten Riesen Vergangenheit wurde.

All diese Männer, sage ich mir, waren nie Verächter des plots, aber sie kannten die Bedenklichkeit einer nur vorwärtsgerichteten Handlung. Was bedeutete ihnen die Stadt, die sie erst hoben, jedenfalls aus der finanziellen Elbe, deren Undinen die Ruderblöcke allzu fest umarmen? Das wimmelnde, zahllose Leben, das man mit dem Bild der Großstadt verbindet, bekommt an der Fabrikstraße seine Gußform, erst hier glaube ich, daß Dresden eine Großstadt ist; das Ein und Aus von Nahrung, des gehaltvollen Fleischs der in den bulldoggenhaften, sprachlos niedrigen Baracken Erlweins im Schlachthof Ostragehege in die Tötungsmaschinen geratenen »lebendigen Lieferanten«, mag den Tag um ein Büro getaktet haben, das in einer so visionären wie anmaßenden Aussicht aufs Gute die Eingebung erwog, die gesamte Fleischfabrik mitten aus der Routine zum Schwimmen zu schicken. Diese Form von Macht ist die der großen Stadt, wenngleich »das« Dorf in der Ausübung des Todes noch gleichgültiger und unbeeindruckter sein kann. Eine ganze Welt, für die sich die 89er Revolution als Zeitbruch erwiesen hat, scheint sich aus der täuschend bukolischen, mit Große-Ferien-Robinsonaden gepufferten Weißeritz zu erheben, ein Schatten, der nach seiner verlorenen Wirklichkeit tastet, aus der ihn immer noch Reste von Nabelblut ernähren, weil alles, was ist, Verbindung hält zum Zwilling hinter der Membran, die die Uhrenzeiger ständig spannen, weil jede Farbe ein schwarzweißes Geschwister hat, das manchmal anziehender ist. Fabrikstraße, ausgeglüht wie eine Porzellanscherbe, westernhaft öde und vom Aschblau des Julihimmels bedeckt, das der von Wänden gefaßten Schlucht etwas von der grellen Elektrizität römischer Tierhetzen verleiht, von mechanisiertem, zu Traurigkeit nicht bereitem Rausch; die Fleischfabrik von Kurt Bärbig (Emigration nach Brasilien), die mein seit langem bestehendes Interesse für Industrie- und technische Bauten der Moderne anspricht, ist für mich das Pendant zur Semperoper; vielleicht hat die Pantherquadriga auf dem Portal über alle Entfernungen hinweg aus der Fleischfabrik ihr Futter bezogen.

Es ist der Schatten des zugeschütteten Lebens, das mit einigen Zipfeln hier und dort noch aus den Planierungen ragt und das Jetzt mit Altertum sprenkelt, gleichzeitig genügt, um die Unterseemasse des Korallenstocks Dresden zu ahnen: So weckt der Schriftzug »Go-Kart-Bahn«, der die ehemalige Lastwagenhalle umschult, in mir die Erinnerung an die Rennen auf dem Schleizer Dreieck und dem Sachsenring, wo aufgemotzte Trabis, in kleinen Meuten, kläffend wie Spitze, eine heute fast verschwundene Hunderasse, auf lodernden Pneumants die Rennlegenden Paris–Dakar und Avus in die ostdeutsche Provinz übersetzten (und dadurch vielleicht haltbar aufbewahrten: Hauptstädte vergessen rasch, Peripherien nicht); an die Bewunderung, die wir den Gespannfahrern um Arsenius Butscher zollten, obwohl sie in der leicht parodistischen Montur aus Eierhelmen und Brillen, die uns an die der Schweißer und die Edgar-Wallace-haften schwarzen Froschgläser zum Schutz vor den UV-Strahlen der Höhensonne denken ließen, mit schweren BMW-Maschinen und Beiwagen-Torpedos ihre Runden gezogen hatten. Wir hörten unserem Trainer zu, wenn er uns von Freddy Kottulinsky und János Drapál erzählte und das Geräusch nachahmte, das eine Phalanx aus Rennfahrerassen auf 250-Kubikzentimeter-MZ, Motorradwerke Zschopau, beim Durchstarten an die Start-und-Ziel-Tribüne des Sachsenrings drosch. All die fast verschwundenen Sportarten, die es in den Siebzigern und Achtzigern noch selbstverständlich gab, kommen mir wieder in den Sinn, wenn ich den wie um einen Zyklopinnen-Lockenwickler gedrehten Bug der Fleischfabrik, die Woge aus kaputten und mit Sperrholz vernagelten Fenstern betrachte: Ringer in der Werner-Seelenbinder-Halle, Prenzlauer Berg, von suppigem Scheinwerfergelb beschwitzt, das glatte, bärenhafte Klatschen der Leiber in den eigenartigen, zu schmalen Latzen gegabelten Trikots; Steherrennen mit Spezialmotorrädern und Fahrern, die an den Ausleger-Rollen der Schrittmacher festgeleimt zu sein schienen, schreiend vorangepeitscht von naß gekämmten Aficionados auf den Radrennbahnen in Forst und Weißensee und der Leipziger Alfred-Rosch-Kampfbahn, wo es nach Körperwahrheiten und Bier roch und wo sich, für meine Erinnerung, die Anfeuerungsrufe des Publikums mit der hysterisch gedengelten Glocke vor der letzten Runde mischen; Speedwayfahrer auf dem Paul-Greifzu-Motodrom von Stralsund oder dem Lausitzring, Diethelm »Otto« Triemer, der, ein Tuch vor dem Mund, einem Tuareg glich und gegen drei weitere Stammeskrieger das von Furchen und Buckeln durchzogene Oval pflügte, bevor es sich wie ein geplatzter knochentrockener Bovist in Staub auflöste; Pisten mit einem in der Hitze, die in meiner Erinnerung die Stadienmauern zu Schädelstätten grillt, wie Diamantpulver glitzernden Belag, auf dem die Fahrer gegen den Uhrzeigersinn wie auf Schleifpapier kreisten und der sich bei Regen in schwarzen Brei verwandelte, in dem die brüllenden, methanolbetankten, Kettensägen-Salven ausknatternden, in die Kurven gestemmten Jawa-Maschinen mit den grobstolligen Reifen wie gehetztes Wild im Moor versackten. Der wache Glanz, den ein Jockey vor dem Satteln auf einer der Rapido-Waagen hatte, die Müdigkeit, wenn das Rennen vorbei, der Totalisator geschlossen und der Abwieger noch beim Einsammeln der Bleistücke war, die zum Gewichtausgleich dienten; die prügelgegerbte, wursthaft diesseitige und stoische Präsenz der Boxersandsäcke; auf Fotostrecken im »Deutschen Angelsport« im Wurf erstarrte Frauen und Männer mit Germina-Trainingsanzügen und Nummernleibchen, beaufsichtigt von einem Kampfrichter, der, einsam wie auf einer Eisscholle, als wäre rings um ihn ein Büro weggebrochen, in windweiter Rasenfläche auf einem Stuhl an einem Tisch saß, jenen über das ganze Land verbreiteten einfachen Grundgebrauchsmöbeln, deren vier Stahlbeine, beim Stuhl die Sperrholzsitzfläche und Sperrholzlehne, beim Tisch die quadratische, mit Sprelacart bezogene Preßspanplatte »ihrem Zweck völlig genügten«, hier: die Ergebnisse der Turnierangel-Disziplinen Gewicht-Skish und Fliege-Kombination zu protokollieren, pflichtbewußt, sauber; erschütternd wie der banale Umstand, daß wir und unsere Nachbarn gleichzeitig in den Abend gelangen – all diese Bilder sind Satelliten im Sternbild meiner Stadt, das pulsiert und nicht zur Ruhe kommt, durchkreuzt von den Kohlezügen, die in die Vorwärmhalle des Kraftwerks Nossener, damals Brücke der Jugend, fuhren, im Winter, wenn die im Kohlebahnhof verladenen Brocken in den Waggons festgebacken waren und aufgetaut werden mußten; bedrängt von den Erinnerungen an die Geschmackssensationen von Haselbauer-Eis und den Tablettengeruch frisch gespitzter Blacksun-Bleistifte aus der ČSSR, von den Seelenwintern und Grotesken, die der Leipziger Fotograf Erasmus Schröter festhielt: Ein Lama, das in einen Ballsaal geschafft werden soll, Vorstadtkneipen, in uferlosem Dunkel wartende Menschen, Schiffsschaukeln, die Tristesse der Rummelbuden. – Zurück an den Gebäuden der Technischen Universität vorbei, der Bibliothek am Zelleschen Weg; Massen gelber Jalousien, die auf den Fenstern wie Zitronenfalter hocken.

21

Der Strom von Bewegungen, der einsetzt, wenn ich die Leipziger Straße, für mich eine der bilderreichsten von Dresden, in Richtung Radebeul hinuntergehe mit dem Schlenderschritt derjenigen, die nichts zu erledigen haben, was auf dieser Straße, die für den Alltag gemacht scheint, merkwürdig wirken muß, anders als der rasche, ausgreifende Schritt meines Vaters, wenn er mit meinem Bruder und mir ins »Goldene Lamm« zum Puppenspiel oder ins Sachsenbad zum Schwimmen ging; Bewegungen von Menschen, die, so schien mir, die schäbigen, in den Pfützen zwischen abgekippten Gehwegplatten gespiegelten Häuser nur widerwillig verlassen hatten – Besorgungen, Einkäufe, Termine – und sich auf der Straße in die gleichmäßige Eile, die nur wenige aufmerksam macht, des Werktags fügten, ein graues, hin und wieder, wenn Entgegenkommenden auszuweichen war, komprimiertes, dann mit der chiffonzarten Plötzlichkeit eines Fischschwarms, der die Richtung ändert, sich lockerndes Fließen, Puls und Gegenpuls, gedehnte und wieder zusammengezogene Spindeln, deren Dichte ein geheimnisvoller, von der Straße selbst, als wäre sie ein Lebewesen, erzeugter Wechsel zwischen Druck und Sog zu bestimmen schien.

Blick auf die Gleisanlagen des Neustädter Bahnhofs, dahinter der Turm der Dreikönigskirche, links Industriebrachen mit punktueller Befüllung: »Umzugslifte« und, in einem hangarhaften Schuppen, »Angel-Spezi«, gegenüber die Gebäude der Menarini/von Heyden-Pharmafabrik, früher Arzneimittelwerk. Durchstiche zwischen rücksichtslos aufeinanderprallenden Fassaden (Gründerzeit-Wucht gegen Bilanzprüferstil), der Blick von einer Uhr mit Reichsbahn-Ziffernblatt gebremst; hinter dem frisch gestrichenen Schornstein, aus dem die Medikamentenstäube gen Himmel rauchten, um die Psycho- und Herzbeschwerden gedemütigter Engel zu lindern, taucht ein Barockfragment auf, unvermutet, schockhaft, als bestünde nur eine lose Vereinbarung, daß der Canaletto-Archipel mit seinen Lieferanten zusammenhänge, als gehörten die Leipziger Vorstadt und mehr noch Pieschen, Mickten, Übigau als periphere Organe zu einem anderen Mutterkörper. Grasland, in Versteppung begriffen, geräumtes Heerlager, auf dem sich eine Nachhut aus Provisorien und Obdachlosen eingerichtet hat, wo die Anstrengung, Stadt zu sein, in die Stammesfeuer zurückrutscht, die mit Unkraut und kaputten Autoreifen genährt werden. Die Elbe verliert die eher illustrierende Funktion, die sie, als Dekor-Canal-Grande, vor der Brühlschen Terrasse hat; hier ist sie kein Begleiter, sondern dringt tief ins Gewebe des Viertels ein, wird Lieferfluß für die Grumbtschen Holzbetriebe, speist die Waschanstalten, die in meiner Einbildung auf den Brachen dämmern, Nachbilder einer nicht allzu fernen Vergangenheit, durchdringt die Flugversuche, Kellerwände, Kleider, spült die Schiefertafeln, wird Brauchwasser für die Schaufelräder, die an den Industrie-Kreuzern der Kaiserepoche für Vortrieb zu sorgen scheinen – immer wieder erstaunt mich die schiere Menge an solchen Produktionskasernen, die Dresden in eine von Schloten durchbohrte, qualmbewölkte, von Werkssirenen akustisch sektorierte Aktiengesellschaft umbauten. Die Elbe gibt und nimmt die Uferzone, nagt hier ein Stück ab, trägt dort ein paar Klumpen zu, wird mit Ziegeln gebändigt, schleppt im Krieg die Leichen stromab und läßt sich im Frieden von den Ruderern, die sich vom Pieschener Hafen stromauf schinden werden, den Slogan »Elberudern macht hart« eingravieren, wird Zuträger für die Trödelmärkte, in die die mächtige, säulengestützte Flanke des

Arzneimittelwerks, über den Wellenbrecher der »Pier 15, Best in Music, Club & Lounge«, ausrollt.

… von der Straße, als wäre sie ein Lebewesen, zugesprochene Bilder, die ich in den Fotografien Bernd Heydens vom Prenzlauer Berg wiederfinde: Der Kriegsinvalide, der, von hinten aufgenommen, einen Wagen mit Kohlen zog, an einem über die Schulter gelegten, an der Deichsel befestigten Riemen, und den bis zum Knie fehlenden linken Unterschenkel (das Hosenbein über den Amputationsstumpf nach oben geschlagen und festgenäht) durch Krücken ersetzt hatte, die er etwas breiter führte, als er sie ohne Last geführt haben würde, um den Wagen, wenn der durch den Schwung des Körpergewichts nach vorn gerissen wurde, nicht in die Krücken zu bekommen, wobei er riskierte, daß die Deichsel, die er ja nicht bremsen konnte, ihm mit dem Schwung des Vorwärtszugs ins Kreuz stieß, so daß es seines ganzen Geschicks bedurfte, die Last voranzubewegen und gleichzeitig der Deichsel auszuweichen, was ihm nicht immer gelang, da das nur durch einen neuen Schwung, gefolgt vom erneuten Nachzerren des Wagens, möglich gewesen wäre, was durch die kinetischen Gesetze der noch ablaufenden Mechanik, des noch auszuwiegenden alten Schwungs, verhindert wurde, so daß der Invalide seine Technik änderte, die Krücken nur ganz kurz setzte und den Wagen dadurch mit knappen Vorwärtsrucken statt mit ausholenden Raumgewinnen bewegte, wodurch die Deichsel, mit unzähligen Bindfäden fixiert, seinen Rücken nicht mehr erreichte, sondern sich, angehoben vom Riemen, vor dem Knuff ins Jackett nach oben bog.

Versammlungen in den Kirchen. Parkas und Kerzen. Gebete: und erhöre uns. Begegnungen. Ich besuchte Christian Lehnert, der Dichter werden wollte. Wir hatten uns im Wehrlager Schirgiswalde kennengelernt. Er sagte, er fühle sich, so als Dichter, den Musikern zugehörig; ich sagte, ich fühle mich, so als Dichter, den Malern zugehörig. Er kam mit geschorenem Kopf, blaß, intellektuell wirkend, der Mund leicht verkniffen, wie auf der Fotografie von Frank Höhler noch zu sehen, im Suhrkampbuch »Der gefesselte Sänger«. Christian wurde Bausoldat, schippte, im ehemaligen »Kraft durch Freude«-Kasernenkoloß

Kaufhaus Prager Straße 2010

Prora stationiert, am Hafen von Mukran; ich kam zur Panzertruppe und trug, kein bißchen stolz, die rosarote Waffenfarbe, auch sie hatte die NVA vom Dritten Reich übernommen. Christian war tief gläubig (ich sollte schreiben: Er ist, nach einem Studium der Orientalistik, Religionswissenschaften und Theologie wurde er Pfarrer, arbeitet inzwischen an der Evangelischen Akademie zu Wittenberg); sein Glaube machte mich nachdenklich, denn mit der Welt der Bibel und der Kirche war ich bisher nur in den Weihnachtslesungen meiner Mutter in Kontakt gekommen. Ich weiß nicht, ob ich ihn noch in der Rehefelder Straße besuchte, wo er aufgewachsen war, in einem Bauhausblock in der Nähe des Sachsenbads. Das Pieschen vor der Revolution ist mir in einzelnen Bildern in Erinnerung geblieben: die heruntergekommenen Häuser, Aschearchen, wie sie von Rostock bis Suhl, von Magdeburg bis Görlitz typisch waren, grüne Fenster (jenes Wassergrün zwischen den Verdunklungen, wie es in den Erzählungen der Kriegsgeneration immer wieder vorkam, wie es, als »Heiligenreifen« auf den Gehsteigen, die schwarzlackierten Gaslaternen entließen, die fluoreszierenden Erkennungsplaketten an den Mänteln, die Scheinwerferschlitze auf den wenigen noch fahrenden Autos); vom Craquelé der Jahre rissige, stadteinwärts von Lampen, stadtauswärts mehr und mehr von nackten Glühbirnen erhellte Zimmerdecken mit wandernden Schatten; Lieferwagen, die weißglänzende Toilettenbecken aus dem VEB Sanitärporzellan abholten und auf eine Fähre verluden, wo sie wie eine Sammlung regloser Schwäne über die Elbe zum Schlachthof trieben.

Die Ostdeutschen hatten Hunger, kaum zu bändigenden Freßgelagehunger nach Leben, nach Reisen. Sie wollten alles sehen, alles begreifen, alles nachholen, was sie versäumt hatten, alle Träume, und sofort, die in Hermann Haacks geographischen Atlanten eingesperrt gewesen waren. Ich hatte meinen Winkel auf dem Dachboden mit Landkarten tapeziert, dort hockte ich und reiste die schönsten Reisen der Welt, vor mir ein Lederkoffer, aus seinem Exil hinter den Tontöpfen gefischt, über und über bedeckt mit Hotelaufklebern in den musikalischen Farben der Belle Époque: Karl-May-Grün, das Ocker von Kairo, Wüstenblau, Weiß wie die Mauern der Souks, Indisch und Nanking-Gelb, Pompejanisch

Rot, Amazonasfalter-Violett ... Auf der Prager Straße lud ein Kran Container ab, Vorposten der Deutschen, Dresdner, Commerzbank. Begegnungen. Anna. Wir tanzen wie Steptänzer. Fred Astaire ist gut, sehr gut sogar, dieser Kerl mit dem Heuschreckenleib und dem allzu bescheidenen Grinsen. Faunpalast, Parklichtspiele, Schauburg, der Fabelname eines längst geschlossenen Nickelodeons: Alabastra, Filmbühne Wölfnitz, die während einer Vorstellung abbrannte, die U.T.-Lichtspiele in der Waisenhausstraße, Dedrophon-Theater und Institut Kosmographia, Hansa-Lichtspiele ... die Namen, die farbigen Traumschneisen, die die tschechischen und Ernemann-Projektoren ins erwartungsvolle Kinodunkel schlugen; Schwarzweißfilme im Hauptbahnhofkino, wo es orangefarbene Tapete gibt und eine Bommelmütze ein Heizungsleck abdichtet. Annas Großmutter arbeitet dort als Kartenabreißerin, die Filmvorführmaschinen ächzen, Sindbad steigt aus der Leinwand, Charles H. Schneer und Ray Harryhausen lassen Tausendundeine Nacht erstehen. Sokura, Sokura! und die Insel der kreischenden Geister. Sindbad und das Auge des Tigers, bei den Hyperboräern im Arimaspiland, über dem die Corona borealis, das grüne Nordlicht, flackert. Manchmal, wenn wir nachts von der Leipziger Straße Richtung Altstadt liefen, blieben wir auf der Marienbrücke stehen, sahen den Güterwagen zu, die langsam und klinkernd (dies eigentümlich nachdenkliche Geräusch) vorüberfuhren, sahen zur Yenidze mit ihrer bagdadhaften, bunt leuchtenden Glaskuppel und dem Minarett-Schornstein daneben, erbaut von Martin Hammitzsch, dafür zeitweilig aus der Architektenkammer ausgeschlossen; er heiratete Angela Raubal, Hitlers Halbschwester, und brachte sich nach Kriegsende um; Erlweinspeicher-Packhof, der einem verwesenden Wal glich, noch gab es kein Maritim-Hotel darin und daneben nicht die gläserne Schanze des Kongreßzentrums Devrientstraße. Manchmal liefen wir zum Japanischen Palais, in dem sich das Völkerkundemuseum befand, rupften Blätter aus den Bäumen, verkrochen uns, wenn es regnete (und was für Regen gab es in dieser Zeit) unter einem der Pavillons am Elbweg, Nike grüßte von der Zitronenpresse der Kunstakademie das Japanische Palais, ein im Drehen erstarrter Porzellankreisel voller Indianerwigwams, Tattoomänner und Totems aus Papua-Neuguinea; die Frauenkirche war noch Ruine.

Gene Kelly finden wir besser als Astaire. Welche Kraft im »Amerikaner in Paris«, welch umwerfende Genialität der Szene in »Singin' in the rain«, wo Kelly und sein Freund Sprachunterricht nehmen und den Phonetiker, seine Vokaltafeln und Lippenskizzen, in einen Wirbel von Musik und Tanz aufgehen lassen ... Abende kurz nach der Revolution und der Maueröffnung am 9. November. Irgendwer hat irgendwem einen Tip gegeben, daß irgendwo in der Robert-Matzke-Straße über drängende Probleme dieser Zeit gesprochen werden soll. In unfehlbarer Trance, wie ausgehungerte Füchse den Hühnerstall, findet man die eine Tür im Irgendwo, sie ist mit tausend Kronkorken benagelt, es gibt Erdnußflips, und »um einen kleinen Lichtkostenzuschuß wird gebeten«. Die einen wollen nach links, die anderen wollen nach rechts, die dritten wollen arbeiten wie hier und leben wie drüben, der vierte geht Bier holen. Krusten von den Ichs kratzen, nach so langem Schweigen.

Wem spielt der Bettelmusikant mit »Weltmeister«-Akkordeon und Schiebermütze, vor den Mülltonnen und der Teppichklopfstange? Singt er zum Balkon der Leipziger Straße 27 / 29, früher Fahrschule und Werkstatt Melkus, die Fenster nun zugenagelt, mit den grellneonfarbenen Plakaten für Events und auflegende DJs zugekleistert, der Balkon abgeschlagen? Unzählige Dresdner lernten hier Autofahren und bekamen, vom Meister mit Schlips und weißem Kittel persönlich, bei der Einweisung zu hören: Autofahren und Singen / kann man nicht erzwingen. Manchmal tauchte auf den Dresdner Straßen eine der sagenhaften RS-1000-Flundern auf, die Heinz Melkus und sein »sozialistisches Entwicklungskollektiv« einhundertundeinmal, in feierabendlicher Handarbeit, bauten, einsame Flügeltür-Himmelskörper im irdischen Treibgrau aus Kommißbrot-Aerodynamik, Ersatzteilmangel, Sowjettechnik und Improvisationskunst; Verkehr und Gegenverkehr schienen zu erstarren, selbst Wachtmeister Jakobs Voltigierstab über dem Schillerplatz, die Stehgeiger des »Szeged« hielten inne, die Vier Brummers verstummten im »Café Prag«, der Komiker Eberhard Cohrs fand keine Worte mehr, während Conférencier O. F. Weidling, der im Friedrichstadtpalast dem Politbüro das rote Futter seiner Weste präsentierte und dafür geschaßt wurde, zum besten gab, was Wladimir Iljitsch Lenin zur Rennwagenfrage sagte. Ulli Melkus, mit der »81« seines Vaters auf der Motorhaube, Blutgruppe am Helm, zog seine Bahn auf dem Schleizer Dreieck, die Beobachter auf Obstkisten und als Kletterkünstler auf den »Storchennestern«, Masten mit Sitzkörben, in denen sie im Wind und ihrer Begeisterung schwankten. Essen vom Primuskocher, Waschen aus der Gießkanne, einer sei des anderen Schraubgehilfe, einer des anderen Idee. Vater ging zur Asta Medica, die das Arzneimittelwerk übernahm, diente von Grund auf, mit fünfzig Jahren, im Firmensitz An der Pikardie, bevor er nach Warschau wechselte, wo ihm, Klischee hin, Klischee her, am Tag seiner Ankunft das vollgepackte Auto und fünfundzwanzigtausend Mark Startkapital gestohlen wurden. Auf den Rennstrecken übernachtete man im Wohnwagen, gab seinen Urlaub für das Gefühl, mit einem Trabant kurz vor dem Fliegen zu stehen (Helmut Aßmann, Tempo 199). Gefahren für 'ne Wurst, 'nen Kuß, 'nen Blumenstrauß. Nimm, was du hast, und mach was draus. Nichts erklärte die Linien der silbernen »Zigarren« von Heinz Melkus, die auf Achsen, lang und liebend wie ausgestreckte Arme, durch Hohenstein-Ernstthal rasten, schneller und schneller, doch immer im Kreis, besessen von der Leichtigkeit und Ikarus' Ruhm. Wir hörten Sandow, Feeling B, Pension Volkmann, City, Pankow. Anna mochte Tamara Danz. Dixielandfestivals, die Enge im Jazzclub »Tonne« unter dem zerbombten Kurländer Palais, Tausende in der Jungen Garde und zu den Umzügen am Terrassenufer. Wir hörten Amiga-Platten mit dem orangefarbenen »J« der Jazzreihe, die meine Eltern von ihrem Freund, dem Bildhauer Kazzer, bekommen hatten, der Anfang der Achtziger das Leben in der DDR nicht mehr ertragen hatte und geflüchtet war. Armstrong sang den Tiger Rag. Hans' Frau Gisela verlor ihre Arbeit, lief sich beim Rat des Stadtbezirks die Füße wund: Ausreise, Familienzusammenführung zwei Jahre später, bei manchen dauerte es noch länger: Es war nicht alles gut.

Demonstrationen für die Einheit Deutschlands. Das »L« der Melkus-Fahrschule glitt über fröstelnde Straßen. Vor den Plattenbauten staute sich der Wind, Kinder hüpften auf den Stegen, die über die Schlammbrachen gelegt worden waren. Barpianist Schurich erhängte sich an einer

Klaviersaite. Im VEB Elbflorenz wurde die unverkäufliche Schokolade in Container geschaufelt. Ich arbeitete als Hilfspfleger im Krankenhaus Friedrichstadt, auf der »Vier«, wie die Kardiologische Intensivstation, damals noch unter dem Dach des R-Hauses, genannt wurde. Die ersten Supermärkte öffneten. Burger King am Hauptbahnhof. Auf dem Postplatz wurden Pornos verkauft. Das Haus des Buches, inzwischen abgerissen, richtete im Erdgeschoß eine Abteilung für Reiseführer ein, noch heute sehe ich meine Cousine, die dort lernte, eingerahmt von rotblauen Baedekerbänden stehen. Die Elbe spülte Papier an: ungültig gewordene Pässe von der Polizeimeldestelle Goetheallee (heute Standesamt), Akten der Staatssicherheit, angeblich in einer Nacht-und-Nebel-Aktion aus der Zentrale an der Bautzner Straße von Mitarbeitern entführt, die Fähre von aufgebrachten Bürgern, in Ermangelung von Besserem, mit Silvesterraketen bombardiert. Unterlagen der Sozialversicherung, Eingaben ans Rathaus, Kontorbücher, Arbeitsverträge, sinnlos geworden, der Platzbauch der Stadt in den Jahren nach der Revolution, als Biographien, Dinge, unzählige Werte, die nichts mehr wert waren, vernichtet wurden, als Neues kam. Neues Geld, Farben, Immobilienmakler, Bagger, neue Formulare. Papier, Papier, das die Reißwölfe fraßen, Chaos, Runde Tische, Idealisten und Betrüger, Schwarzmaler, Hellseher, Morgenrot.

Der Schornsteinfeger ließ seine drahtbewehrte Kanonenkugel in die Essen, schabte, daß es rieselte, den Dreck aus den Wänden, wurde geküßt, bevor er davonradelte, und brachte kein Glück. Thälmannpioniere fuhren zu Schülerkonzerten in den Kulturpalast. Jungpioniere bekamen im Türkischen Bad des Pionierpalasts Märchen vorgelesen. Timurhelfer zogen mit Leiterwagen durch das Hechtviertel, um Gläser, Flaschen, Altpapier zu sammeln, trabten mißmutig an den Kohlenträgern vorbei, deren Augenweiß in den rußigen Gesichtern von hemmungsloser und blendender Reinheit schien. Die Leiterwagen knarrten und klapperten; waren einige Flaschen geladen, wurden sie zu mobilen Scherbenorchestern. Die Kohlenträger gingen zu den Lieferwagen, oft noch Dreiräder (die Dreikantfeile genannt wurden), drehten sich um 180 Grad, bückten sich und ließen den Kohlensack, den sie über die Ladeflächenkante geschleift hatten, auf Schulter und Nackenleder kippen, kurzes Zurechtrücken der Last, der Blick fixierte den Boden, Pflastersteine, Risse, Buckel des Bürgersteigs, dann wankten die Kohlenträger vorwärts, hustend vom schwarzen Staub, der ihre Hände zu wurzelartigen Klauen werden ließ, über denen die Unterarme, nackt sichtbar bis zu den aufgekrempelten Hemdärmeln am Ellbogen, erschreckend hell und verletzbar wirkten. Karierte Hemden, grau und braun, die schlecht bestimmbare, erdige Farbe der Westernheldenkleidung, abgeschabt; nie sah ich, wie auf den Fotos von Bernd Heyden oder in Konrad Wolfs Film »Solo Sunny«, in Dresden jene Brikett-Schlichtkästen aus Holz, die für Ostberlin typisch waren und ihre Wahrheit mit der Wahrheit der Freibäder mischten, die aus einem Wort wie »Kaltschale« und dem Fruchtgeruch der Sommerlimonaden steigt.

22

Bis zu unserer Rückkehr kamen Anna und ich nur selten nach Dresden. Wir waren weggezogen, wie so viele. Im Pillnitzer Park hatten wir geheiratet, wie damals gingen wenige Menschen dort. Die Orangenkübel standen noch draußen, vor der Treppe zur lautlosen Elbe. Abends fuhren wir zum Lohmühlen-Haus, von dem Reglinde, wie die Betreff-Zeile ihrer Mail angekündigt hatte, Abschied feiern wollte. Das war im September 2006. Wir hatten die lange Zugfahrt von Karlsruhe hinter uns, acht Stunden im ICE, und Anna war müde; Werschel, wie wir unser Kleines nannten, war aufgeregt, es boxte und purzelte, kopfüberte, kopfunterte im Bauch herum. Das Lohmühlen-Haus war in den dreißiger Jahren gebaut worden, klein, abseits, mit schwierigen Krediten schwierig abbezahlt, schutzsuchend vor den großen Winden. Es stand am Hang und hatte einen Garten mit Streuobstwiese und Kompost und einer Reihe schwermütiger Schuppen, in denen Reglinde, die seit dem Tod ihrer Großeltern hier lebte, wahrscheinlich nicht selten genug zu tun hatte, um sie für immer abschließen zu können. Ezzo sagte, daß eine Frau, die wir flüchtig kannten, schwanger sei, nach zwei Wochen,

Temporäre Kneipe Neustadt 1994

vom Richtigen. Er war nicht mit dem Mountainbike gekommen, hatte noch selbstgebackene Torte mitbringen wollen, doch die transportiere sich schlecht auf dem Rad, deshalb das Auto; er zog die Schultern hoch. Er überlege, ob er das Auto auf Bioantrieb umrüsten lassen solle, Rapsöl aus kontrolliertem Anbau, das koste 55 Cent pro Liter, das Umrüsten knappe anderthalbtausend Euro. Der Ruß sei auch ungiftig, im Gegensatz zu Benzin oder Diesel, erst recht Biodiesel, das sei wirklich die reine Mogelpackung, denn der Diesel werde so lange in verschiedenen Verfahren gereinigt, bis er die Umweltauflagen erfülle, aber das Reinigen selbst sei die größte Schweinerei. Reglinde wollte ein Kind haben, aber sie hatte eine Unmenge Freunde und Bekannte. Viele waren hier, wir kannten sie von anderen Feiern. Anna sprach von Werschel, vom Kinderbettchen und der Wickelkommode, die Walter gebaut hatte, der Exmann ihrer Mutter – mit dem sie nun aber wieder zusammenlebe in seinem Zschachwitzer Grundstück, mitten in der Flutrinne; was sie zu spüren bekommen hätten in der Flut 2002: Übrigens war ich damals hier draußen und habe Sandsäcke geschleppt, hab sogar im Haus übernachtet, erinnert ihr euch? War schön, nachts die Gerüche, die zum offenen Fenster reinkamen, und ich dachte, es gibt einen Gespenster-Müller, die Dielen knarrten, als ob frühere Leute umgingen, war hier mal ein Gespenster-Müller? Ezzo fragte, was für Holz Walter für die Wickelkommode und das Bett benutzt habe. – Fichte. – Ja, gute Flammung. Buche hat so gut wie gar keine, sieht nach kaum was aus. Und verzieht sich, was denkst du, wie Buche nacharbeitet. Aber Fichte geht. Du kannst den Flammton richtig rausholen, mußt mit Öl firnissen. – Kein Lack? – Wo denkst du hin! Am Lack kann das Kind doch lecken, ist doch alles nicht astrein, ist doch alles giftig. Außerdem braucht es lange zum Trocknen. Nein, am besten ist, du nimmst Leinöl, mit einem Zusatz Orangenöl. Hat gute Terpene. Das Orangenöl ist Aromaträger, verflüchtigt sich aber relativ schnell. Leinöl, dünn und gleichmäßig aufgetragen, zieht gut ein, tränkt das Holz gut durch, liegt in einer dünnen Schicht auf, die sich kaum abgreift. Ist eigentlich das Beste, was du kriegen kannst. – Im Baumarkt. – Im Baumarkt oder Internet, da gibt's 'n ganzen Haufen Händler. Das richtige Mischungsverhältnis kann ich dir mailen. Oder ihr kommt vorbei, ich hab noch einiges übrig. Aber aufpassen: Du nimmst einen Lappen zum Auftragen. – Warum keinen Pinsel? – Wird zu ungleichmäßig, gibt oft ein schlieriges Bild. Nein, Lappen ist besser, Baumwolle oder 'n altes Feinripphemd. Leinöl neigt zur Selbstentzündung an der Luft, weiß auch nicht, warum. Leinöl im Holz nicht, auch nicht in der Büchse, aber in diesen Lappen, wo Schichten Luft, Schichten Stoff und Schichten Öl übereinanderliegen. Hab ich selber paarmal Glück gehabt. Komm nach Hause, es stinkt wie in 'ner Räucherei, waren die Lappen auf'm Balkon braun und fingen an zu schwelen. Bei Niklas ebenso, er ruft mich an, hab sein Bett gefirnißt, Du, Ezzo, komm mal schnell rüber, bei mir brennt's! Waren auch diese Lappen, die wir unvorsichtigerweise einfach in 'ne Ecke geschmissen hatten. – Und wie verhindere ich, daß mir die Bude abbrennt? – Mußt's in Wasser legen, richtig tränken, dann kann eigentlich nichts mehr passieren. Oder du schmeißt's sofort in die Mülltonne, aber dann brennt unter Umständen eben eure Mülltonne. – He, Ezzo, lange nich mehr gesehn. – He, Rico, muß 'n paar Jahre her sein, warst du nich damals auch hier draußen? Hatten wir schon mal 'n Sommerfest hier. Ganz schön klamm schon, was? Ist doch erst Anfang September, aber man friert wie im Spätherbst. Schönes Feuerchen da unten, kann man da 'ne Wurst reinhängen? – Wir haben Soljanka da, im Kessel. Bier, Wasser, Fleischpastete. Wir wollten eigentlich Käsesuppe machen, aber die ist irgendwie sauer geworden, vielleicht wegen der Hitze. Der Fleischer hat gesagt, das könnt's gewesen sein. – Ich denk', es war das Gewitter. Wir hatten doch gestern Gewitter hier. Ist uns die ganze Milch im Kühlschrank auf einen Schlag sauer geworden, baff. Hast du vorhin über was Technisches geredet? Blu-ray? – Ja, die wissen noch nicht, welches Format. Ich will mir ja so 'nen HDTV kaufen, aber die sind mir noch zu teuer. Nächstes Jahr sollen die auf einen Schlag dreißig Prozent runtergehen. – Mensch, Ezzo, weißt du noch, damals auf der Spezialschule. Der Bräuer muß doch inzwischen fast achtzig sein. – Wie der in der Physikstunde manchmal sagte: Lassen Sie nur, wecken Sie ihn nicht! Den Seinen gibt's der Herr im Schlaf! Dem ist die Frau gestorben, hast du das gehört? Die Treppe runtergefallen, Bein gebrochen, im Krankenhaus gelegen, eines Morgens tot. – Ja. Ja. Mensch, so kann's gehen. Aber der Alte ist noch gut beisammen, macht noch Führungen in der Oper, seinen Turmbläserverein ... – Also, ich merk' den Unterschied schon, wenn ich den Flachbildschirm anmache, gegenüber früher, die Röhre ... Die Augen sind viel ruhiger, das flimmert nicht mehr so stark. – Und welchen kannst du da empfehlen, meine Röhre wird bestimmt bald 'n Abgang machen, wenn du sagst, deine hat sich verabschiedet und ist von 2002 ... Meine hab ich auch 2002 gekauft. – Also, ich hab mir jetzt vier gekauft und alle zu Hause aufgebaut, kann ich in Ruhe vergleichen. Der Witz ist, daß ich vier in Ruhe ausprobiere und drei zurückgebe. – Aber du hast erst mal vier bezahlt? – Macht ja nichts, ich geb die drei schlechteren zurück und krieg dann auch das Geld wieder. Aber vierzehn Tage kann ich nach Lust und Laune ausprobieren. Übrigens, hast du vom Geigenbauer Novak gehört? Der baut jetzt Simsons zusammen, diese besseren, na ja, Mopeds. Neben seiner Werkstatt hat er Motorblöcke aufgebaut, verdient inzwischen die Hälfte seines Gelds mit den Simsons. Meine Herrn, 'n Geigenbauer und KFZ-Schlosser in einem, nich schlecht. – Kommt ihr mit runter ans Feuer? Ihr sitzt so im Dunkeln hier auf der Bank. Wer möchte noch was? Baguettes, Kümmelbrot? – Habt ihr Dinkel, Reglinde? – Dinkel müßte in der Küche sein, aber noch unaufgeschnitten, in der Tüte mit der Brezel drauf. – Neulich hab ich irgendwo gelesen, da gehen welche wandern, aber das nennt sich Minimalwandern. Sowenig Gepäck, sowenig Last wie möglich. Die sägen sogar die Stiele von ihren Zahnbürsten ab, echt! Hab ich gelesen! Weil's 'n paar Gramm Gewichtersparnis bringt. – Im Ernst? So'n Käse. – Na ja, summa summarum haben sie rund sieben Kilo auf'm Buckel. Ich war mal in Norwegen, hatte zwoundzwanzig zu schleppen, und mein Kumpel dreiunddreißig in der Kraxe. Wenn du da bloß sieben Kilo hast, und es ist alles dabei, Funktionswäsche, Zelt, Kocher, Proviant ... – Ja, und 'ne abgesägte Zahnbürste. Und du stinkst wie 'n Wiedehopf. Niels redete von den Aufträgen der Badausstatterfirma seines Vaters, in die er nun einsteigen sollte. – He, Niels, hast du deine Liebste nich mitgebracht? – Nee. – Wo isse denn? Krank? Arbeiten? – Du, 's is' ja nich mehr meine Liebste. – Mensch, echt. – Nu ja. – Tut mir aber leid, ich hab euch doch, ich mein', wir waren doch erst vor 'ner Woche ... oder waren's zwei ... – Nee, kann nich, Reglinde, wir waren zusammen im Urlaub vor zwei Wochen, meine Ex und ich. Muß länger her sein. Aber na ja. – Mensch, Niels. – Ach. – He. – Ach, komm, ist 'ne Erfahrung. Niels war Architekt und hatte ein Büro in einem Gewerbegebiet, nackte Betonwände, ein großer Tisch mit zwei Computern, ein Stahlgestell für Pläne und Zeitschriften, eine Art Küchendeck, ein rotes Farbschlierenbild und, auf einer Stele, eine Keramikeule. Das Büro hieß »B(l)aumeister«. Ezzo redete über Grafikkarten und eine neue Chipgeneration. Rico knabberte Salzstangen. Niels sprach von seiner Bewerbungstour, er war durch Holland gefahren. – Und? – Paar Kaffees umsonst und Oostende gesehen. – Und sonst? Noch alles an Deck bei dir in der WG? fragte Anna. – Katja ist noch da, hat jetzt das Physikum bestanden. – Wie lange studiert sie schon, hat sie nicht vor drei Jahren schon studiert? – Jaja, aber da waren wohl 'n paar Hürden, die ... Sie hatte wohl noch nicht alle Scheine. Aber jetzt kommt sie ins dritte Jahr. – Und sonst? Du hast doch noch das Büro, behältst du das vorläufig, ich mein', wenn du jetzt ganz bei deinem Vater einsteigst, dann machst du ja nur noch Badausstattung, und dein Büro ... – Ich halt's noch, ist ja billig im Gewerbegebiet, aber ich mach' bloß noch was so für Freunde. Für Freunde. Kleinere Sachen halt, die mal so anfallen. Ich lass' es noch 'n bißchen nebenherlaufen, aber ich steck' jetzt nich die großen Efforts mehr rein. Und wie läuft's mit der Schwangerschaft? – Bin viel müder als früher. Schlaf' zehn Stunden, wach' auf und bin gerädert. Wißt ihr schon, was es wird? Wollt ihr's wissen? – Mohr sagt, es wird ein Junge. Männer mit Vollbart bekämen Mädchen. Und er rasiert sich ja jeden Tag. Und so wie der Werschel rumtobt ... Sechster Dezember ist Termin, aber das stimmt ja nie genau. – Also wird's ein Nikolaus. Ich schreib' euch 'ne Karte.

Als Junge hatte ich die Geschwister hier manchmal besucht. Sommers, vor dem Aufstehen in der Frühe, rieselten Bienen in der Apfelbaumkrone vor dem Fenster; die Sonne war noch still, eine ausklarende Frucht. Manchmal verirrte sich eine Biene in die Kammer, zu den Büchern: »Der gelbe Sänger«, das ein Namensvetter von Ezzos und Reglindes Großvater geschrieben hatte, Bleistifteintragungen in Sütterlinschrift neben den abgebildeten Kanarienvögeln; die Biene knickte ihren Flug an den Kammerwänden, beachtete weder Ezzo noch mich, fand keine Blüte und ignorierte eine Weile das Fenster. Bevor wir aufstanden, unsere Phobie überwanden, steuerte sie ins Licht und war verschwunden.

– Und, Reglinde, du willst das Haus verkaufen. – Ich muß. Kann's nicht mehr halten. Im Sommer ist das ja ganz schön, aber im Winter ... Holz hacken, Kohlen schleppen, die Ausgüsse sind ewig verstopft, und die Regenrinnen ... Ist ja ein Hanggrundstück. Das Haus gleitet. Niels, du bist doch Architekt, hast du den Riß gesehen? – Ist der nur so'n bißchen, so ... – Nee, der geht, also, von oben bis unten, durchs ganze Haus, das ist das Problem. Was könnte man da machen? – 'n Ringband aus Stahl drum. – 'n Ringband? – Ja, wie'n Korsett ums ganze Haus. Kostet viel und ist aufwendig, und wolltest du nich weg, mehr in die City?

Kinder tobten ums Feuer, das jetzt grobe Funken warf. Die Männer saßen in Islandschaf-Wollpullovern mit unlackierten, offenstehenden Holzknöpfen. Die Frauen sprachen über Montessori-Kitas, Kindergarten sagte niemand mehr. Ein Junge brachte für ein Spiel ein Körbchen mit Kugelschreibern, die Kugelschreiber hatten an den naturbelassenen, mit einem Kleeblatt bestempelten Leibern Hühnerköpfe, die auf Federhälsen steckten und beim Schreiben nickten.

23

Über Pirnaischen Platz, Baustellen, Hauptbahnhof, Fritz-Löffler-Straße hinaus, an der Russischen Kirche vorbei, Bergstraße mit Technischer Universität und dem verfallenden Observatorium im Beyer-Bau, die Hochhäuser von Räcknitz am Weg, den ich an Sonntagabenden per Bus vom Leninplatz, zur Erweiterten Oberschule Dippoldiswalde, viele Male fuhr. Südhöhe, Innsbrucker Straße, Bau- und Supermärkte, Gewerbegiet, der Kaitzgrund zersiedelt, die Straße mit Lärmschutzwänden gedämmt; Bannewitz, an Nöthnitz und Bünaus Schloß vorbei, wo Winckelmann als Bibliothekar wirkte; die Pappeln, an die

Prohlis 1980

ich mich erinnere, weil sie die Straße wie römische Kohorten säumten, sind bis auf Reste abgeholzt. Windberg-, früher Ernst-Thälmann-Straße, wo meine Großmutter väterlicherseits lebte, dem Fenster ihrer Wohnküche gegenüber das einsame Haus auf dem Hügel, das wie ein Ort von Verbrechen wirkte und das ich als Kind oft beobachtete, wenn Großmutter am Asch stand, dem ausziehbaren Geschirrspültisch; über mir und dem Sofa ein Bild mit Hirsch am Bach, vor mir »Aus Deutschlands Vogelwelt« und »Aus Wald und Flur«, Alben des »Cigaretten-Bilderdiensts Hamburg-Bahrenfeld«, zwei aus der Handvoll Bücher, die Großmutter besaß. Dorfgasthof Börnchen; geöffnet sonnabends ab 17 Uhr und nach Vereinbarung, ausladende Kastanien, sämtlich von der Miniermotte befallen, die Blätter wirken verrostet, einzelne kleine Früchte sind schon reif. Steile, enge Straße, daneben scharrt ein Bach im Grund. Bagger und altes Landwirtschaftsgerät, an den Garagenmauern hängen Wagenräder, für die es einst den Beruf des Stellmachers gab.

... die Bilder des Malers Querner: Über dem Plattenspieler im elterlichen Wohnzimmer hing eines seiner Alters-Selbstporträts, die strengen Züge prägten sich mir ein, das Gesicht glühte in der Dunkelheit nach, wenn ich einschlafen wollte; der Blick hinter den Brillengläsern schien mich zu durchbohren wie ein Insekt, das in den Kälterauch eines Seziertischs geraten war. Dem Porträt gegenüber hing ein Goethekopf, ein Bronze-Halbrelief, gut getroffen und gemacht, das aus einer Villa an der Goetheallee stammte. Der Direktor des Sächsischen Serumwerks hatte dort gewohnt; mein Großvater war im Serumwerk Prokurist gewesen, über ihn war die Dichterbronze in unser Wohnzimmer gelangt. Vor dem Goethekopf saß ein winziger, aus Gips geformter, goldbemalter Pförtner: der Dresdner Kunst- und Denkmalschutzheros Fritz Löffler, der das Buch »Das alte Dresden« geschrieben und damit das Gründungsdokument der Stadt, ihres sowohl liebenswert-eigensinnigen wie auch manchmal hochnäsigen und selbstzufriedenen Stolzes, vorgelegt hatte – Gründung ist Beginn, und mit der Zerstörung am 13. Februar 1945 beginnt die Aura Dresdens; angesichts der Vorlieben des Stadtgedächtnisses ist das nüchtern gemeint, nicht zynisch. Der

Goethe kam gegen den Querner nicht an; Goethe war fern, Querner nah. Osterzgebirge, Land der stillen Farben, in dessen Hungerboden Dresden seine barocken Wurzeln gräbt. Die Bilder hingen in Wohn- und Eßzimmer, über dem Klavier, an dem mein Bruder zum Ticktack des Metronoms übte, der Anrichte mit dem Sonntagsporzellan, dort hörten die Landschaftsaquarelle den Gesprächen zu, die fast immer um Politik, Wirtschaft und Kunst kreisten. Meine Eltern führten eins der gastlichen Häuser, die ich in Dresden oft kennengelernt habe, man lud ein und wurde eingeladen. Mißtrauen und Vorsicht zum Trotz war man offen, fremde Kreise waren zugänglich. An unserem Tisch saßen Handwerker, Eisenbahner, Künstler, Ingenieure, Ärzte, Oppositionelle, mindestens ein Spitzel, ein künftiger Minister, Arme und Reiche. Man besuchte einander, lief mit den neuesten, auf Deutschlandfunk gehörten Nachrichten zu Freunden und Verwandten, die meist in der Nähe wohnten – noch heute erscheint mir das Wort »Das große Wohnzimmer«, das mir unwillkürlich für den Weißen Hirsch meiner Kindheit einfällt, nicht unangemessen. Diese Durchlässigkeit, die bei genauerer Betrachtung freilich immer schon eine für Einheimische war, wie so mancher Zugezogene ernüchtert feststellen muß, ist Zugbrücken und Gräben gewichen; hin und wieder denke ich, daß der scharfblickende Querner auf dem Selbstporträt beim Wort »weltoffenes Dresden« zweifelnd den Kopf schütteln würde.

... und doch: zwiespältiges Verhältnis. Seine Bilder erschienen mir oft als Vorwand und Beispiel eines in Dresden besonders geachteten Realismusbegriffs, dessen Publikum glaubt, daß Kunst, die wahr und darum groß sei, nur aus den Tiefen der Erde kommen könne, ernst und schwer sein müsse; Phantasie und Erfindung bestenfalls Zutat, im Grunde wertlose Spinnerei. Nach der Natur malen. Und Picasso? Klee? Bosch? Dürers Rasenstück, ein ganz und gar phantastisches Kompendium? Aber ich kannte Querner nicht gut, nur die Aquarelle an den Wänden meines Onkels und meiner Eltern, einiges hatte ich in Freital und im Albertinum gesehen. Bilder, die Breschen in unsere Wohnung auf dem Weißen Hirsch schlugen, Ansichten einer rauhen, ungefälligen Gegend, Äcker, Katen, sich in die Hügel verkriechende

Blaues Wunder 1998

Wege, vom Wind geschurigelte Bäume. Querner, der an der Akademie auf der Brühlschen Terrasse studierte, beim Kunstunteroffizier, bekennenden Nationalsozialisten und späteren Rektor Richard Müller, der Bilder von eisiger Präzision schuf und dem kein Bleistift spitz genug sein konnte, um den Zöglingen in gnadenloser Härte die Exaktheit von Proportion, Linie, Perspektive anzudrillen. Querner verließ die Akademie vor Studienende, weil er unmittelbar malen wollte, nicht verstellt durch Gebote und den langsamen Auftrag von Lasur. Zimmer in der Rosenstraße, in einem Arbeiterviertel der Wilsdruffer Vorstadt, wo er 1930 den Jungen porträtiert, blaues Hemd, Fabrikmütze, Brille, ein Dreizehn-, Vierzehnjähriger höchstens mit hängenden Schultern, vom Leben am Kragen gepackt und aus der Kindheit geschmissen, kurze Schulzeit, kurze Lehre, ein Fresser weniger am Tisch, und bald Soldat. Das glorreiche Dresden. Die goldenen Zwanziger. »Gina und ich«, sie dem Betrachter zugewandt, er verschlossen, bedrückt wirkend, seitab starrend, seine Hand auf ihrer Schulter, ohne Kitsch und süßes Zeug; Gefährten in finsteren Zeiten.

Der eisengrüne, wie ein Druide am Wegrand wachende Quittenstrauch, Tausende Früchte, das Gelb scheint sich aus dem Grün herauszukämpfen, pelzig verwachsen mit der verwandten Farbe, die es so rasch nicht entläßt. Das Dorf wie ein durch eine Störung geweckter Schläfer, der unwillig die Uhr prüft, bevor er sich auf die andere Seite dreht. Hundegebell aus ferneren Gehöften. Männer sind nicht zu sehen, in den Vorgärten mähen Frauen den Rasen. Stille Luft, Gerüche: Kuhdung, der Duft von Apfelbäumen, die wie müde Riesen allmählich das Dorf und seine abgesunkenen Grenzen zu verlassen scheinen, dem Altenteil hinter den Wiesen zu. Curt-Querner-Gasse. Das Malerhaus liegt etwa halbe Höhe, mit der Schmalseite zum Weg, abgegrenzt von einem Staketenzaun in verwittertem Bohnengrün; Kompost, ein umgestülpter Topf auf der Mauer, eine Bank neben dem Hauseingang, auf der abends, nach getaner Arbeit, vielleicht noch Querners Eltern gesessen haben, er selbst wohl nicht. An der Hauswand eine Bronzetafel, die an den Maler erinnert; gegenüber die Trümmer eines eingestürzten Gehöfts, Balken, verfaulte Sparren liegen durcheinander, Unkraut ist hochgeschossen, überragt von mächtigen Kirschbäumen, die Splitterstellen abgebrochener Äste sind traubig verharzt.

… Selbstbildnis mit Brennessel, vor der Bodenkammer, der Mann aufrecht, geradegereckt (»wie er's gelernt hat«, wie das hieß), Scheitel, dunkles Haar, kantige Züge, die rechte Hand im Gürtel verkrampft, schwarzer Pullover zu graugrüner Hose, der Oberkörper halb abgewandt, die Haltung der Angegriffenen. Leben auf dünnem Eis. Die Bodenwand gibt Schultern und Oberarm eine harte Kontur. In der Linken, rücksichtslos gepackt, die Brennessel, schlimme Zeiten, draußen marschieren die Vereinfacher, die Lügner und Verrückten, die Schwätzer, Aufräumer und Nützlichkeitsfanatiker, Schlagetots recken Arme, Menschheitsbeglücker ballen Fäuste, Vergessen und Gleichgültigkeit wachsen. Hinter dem Kopf mit den unnachsichtig mißtrauischen, wissen wollenden, dem Gold und dem Rosa abgeneigten, erschütterten und angstvollen Augen die karge Kammer, ein paar Bücher und Papiere, ein Schusterschemel vor einem beiseite geräumten, großformatigen Traum.

Eine Kreissäge springt an, ein erloschener Traktor kniet im Acker, unterm Kanaldeckel (»Guss- und Armaturwerk Kaiserslautern«) plätschert Wasser. Heuballen sind mit Plastikplanen abgedeckt, nachlässig, wie man es auf dem Land nicht erwarten würde – als spielte es keine Rolle mehr. Ein Großer Fuchs sonnt sich auf einem Stein, die Flügel aus trockenem Orange. Querners Haus: schwarze Balken, weißer Putz.

… das alte Dresden, wovon so verklärend die Rede ging an den Kaffeetischen, was war's ihm? Wohnte Annenstraße, Nähe Postplatz, Arbeiterviertel. Ging er über die teure Prager Straße, ins Kaufhaus Esders, feinste Herren- und Kinderwäsche, hatte er Geld fürs Capitol-Kino, das Residenzkaufhaus, stellte er im Kunstsalon von Emil Richter aus, bekannt für seine Aufgeschlossenheit dem Neuen gegenüber, und feierte anschließend im Café Rumpelmayer, Ecke Sidonienstraße, aß er Torte im Palmenhof unter der bunten Glaskuppel, konnte er seiner Familie einen der weitgerühmten Christstollen der Konditorei Hül-

fert oder Südfrüchte im »Spanischen Garten« kaufen, ging seine Frau
Regina, Schwester des Malers Wilhelm Dodel, ins Institut für Schönheitspflege von Charlotte Meentzen (später zwangsenteignet und VEB Kräutervital)? Inflation, Weltwirtschaftskrise. Querner im Heer der Arbeitslosen, Amt Maternistraße, Wohlfahrt und Volksfürsorge, in der Maternistraße könnte er Theo Tellkamp begegnet sein, ebenfalls Stempelgeher und mein Großvater väterlicherseits, er putzte Fahrräder und richtete, gemeinsam mit seinem Bruder Hans, der in der Sowjetunion »vermißt« werden würde, für ältere Leute Wohnungen vor. Querner verkaufte Kälberstricke und selbstgedrehte Wäscheleinen an die bettelarmen Häusler des Erzgebirges. Als Soldat kam er nach Skedsmo in Norwegen. Seine Frau holte beim Angriff am 13. Februar Bilder aus dem brennenden Atelier.

Die noch einmal sich aufbäumenden wilden, von schweren Äckern bebrüteten Farben: das späte Ocker einer von den Staren verschmähten Kirsche, von Windböen aufgerissener Wolkenbrei, kalte Flammen von Stahlblau züngeln, verwischen; aufgewiegelte, speckige Grüns in der Ferne, die bis in die Sächsische Schweiz zur Festung Königstein reicht, zum Hutberg bei Kamenz, Zittauer Gebirge, Böhmische Schweiz. Das Gelb der Birnbäume, diese volle, an den Rändern schon ins Schwerelose gelichtete Farbe, ihre saftige Wut, wenn der Wind hineinfährt und Stücke davon losbricht, die wie Flitter treiben. Eifersüchtige Pappeln, die, von einer Bö angefacht, wie Fackeln auflodern, ihr Messing an die Höhenzüge klatschen. Meno rennt querfeldein durch Laubstrudel, macht einen Zielsatz wie beim Sackhüpfen, kommt mit einer Birne zurück. Die dunkelgrünen Sprossen auf der Frucht, Sternbildern ähnlich im Blaßgrün des Fruchtkörpers; Meno rennt wieder los, seine Jacke ein Fleck Rot im Krähenwind, die Vögel sind quarrend von den Stoppeln gestiegen, magnetische, torkelnde Flügel.

… De la Tubize, französisches Kriegsgefangenenlager, wo Querner den aus Brettern zusammengenagelten, mit Bindfäden geflickten Hocker malt, die ihm gebliebene Habe.

… bizarr sein ist einfach, abweichen, das kann heute beinahe jeder, Flucht aus dem, was kaum noch jemand erfährt, so überformt alles von Medien und Sekundär-Angelegenheiten, dieser neuen ätherhaften Wirklichkeit des Scheins, vom Ich doch nicht und Ich habe mit niemand anderem etwas zu tun und Ich bin ich und Ich bin und Ich. Der Maler interessiert sich nicht für das Skurrile, zumindest nicht in seinen Bildern, hätte es womöglich als Interessantmacherei abgetan, etwas, das leichter zu haben sei als das andere, die sogenannte Realität, die jeder zu kennen und somit voraussetzbar glaube; sie aber will gefunden sein wie alle Wirklichkeit.

… Querner, geboren 1904, gestorben 1976, Anwalt des Hinterlands, der Dörfer und ihrer von Krieg und Plackerei auseinandergenommenen Menschen, mit denen er lebte. Und wie er lebte: kannte den Hunger, war aussätzig unter ihnen, ihren scharf und genau gezogenen Standesschneisen (unermeßlich der Abstand zwischen einem Großbauern und einem kleinen Häusler wie dem Bauern Rehn, den Querner oft porträtierte), ihren nüchternen Rechnungen: soundsoviele Kälber, die Kränkler weg, Schweine, soundsoviele Ferkel, die Kümmerer weg, die Kuh muß geschont werden, der Bauer spannt sich selbst in die Sielen, die alte Katze ersäufen, die jagt nichts mehr, »der unnütze Esser«, die Hände, die Magd und Frau und Tochter prügeln, den Sohn aber nicht, denn der ist der Erbe; wir wollen nichts idealisieren. Zwiespältiges Verhältnis: Ein wenig zu voreilig sind mir die Zuschreibungen »Tiefe« und »Wahrheit«, mit denen Querner bedacht wird, oft von Intellektuellen, die biographische Wurzeln in seiner Landschaft haben oder, der städtischen Existenz überdrüssig, von Nietzsches Urrecken schwärmen; Intellektuelle, die Querner heimlich verachtete, obwohl er selbst keineswegs ein Primitiver war, und die es doch, letztlich, waren (und sind), die seine Bilder ausstellten und kauften. Auch das eine Wahrheit. Bauer Rehn, erschütternd die ausgemergelten Züge des alten Mannes. Die Mühsal, ja – doch von der Gewalt und Kälte der Menschen dieses Landstrichs, gewiß auch des Bauern Rehn, finde ich in Querners Bildern kaum etwas. Das steht in den Tagebüchern. »Thematisch begrenzt«. Das muß kein Nachteil sein. Was er gekonnt hat – Hände, wie er sie zu malen verstand, möchte ich von den Heutigen erst einmal sehen. Dorf: Aber in Querners Bildern ist kein Pathos, kein Blut und Boden. Dieser Künstler, dieser Pinsler, Tagedieb, sagten die Bauern und verstanden nicht, warum er sie bei der Arbeit malen wollte und nicht selbst arbeiten, »ihre« Frauen nackt in ihrer Fülle, Schalheit, Kraft, ungeschönt mit den von Plackerei und Geburten hängenden Formen, Beine wie Säulen, ihrem Bauernbarock, »diese Pferdeärsche«, »was will der Farbenkleckser«, »der Perverse«, sagten sie; nachts flogen ihm Steine hinterher. Er malte seine taubstummen Eltern, die knotigen Hände, die Hungergesichter, Leben: Schuften und Prügel, empfangene und ausgeteilte, »sonst gehst du unter«, »willst du abweichen vom rechten Weg, willst du unter die Räder kommen«, Dunkelheit, Not und Kälte, Farben: Grau, Braun, ein wenig Weiß.

»Schlehdorn in Märzlandschaft, mit Luchberg«, Aquarell – wenn der Krähenwind den Staub über den Feldern worfelte, Regenfahnen gegen das wie eine angerissene Saite brummende Schwarz der Schieferdächer schlugen, die Scheunen zusammenzuckten unter den Gewitterpeitschen, mit denen ein betrunken johlender fliegender Holländer seine Sturmschwadronen über die Ebenen bei Karsdorf jagte: dann zeigte das Land sein unbarmherziges Gesicht; im Spätherbst runzlig vom kahlen Geäst, an das die Abendgeister ihre Eulen hängten, wie die Kopftücher der Bauersfrauen genannt wurden; im Winter bedeckt von Mordlust, Schweigen, Schnee. Querner malt draußen. Manchmal reißt der Sturm ein Blatt weg, verschluckt es wie einen kranken Vogel. Eiskristalle bilden sich auf den Aquarellen. Der schwarze Schlehdorn frißt sich ins Bild, nicht umzubringen, dieser Strunk in der Erdrinde. Zarte Blautöne, Schneeflächen. Kühles, nördliches Gelb, in dem der Luchberg aufgeht wie eine hellgraue Sonne.

… Quernerland mit seinen Spukgestalten zur Fastnacht, den leuchtenden, vom Großen Gesetz aus der Kindheit gezerrten Kindergesichtern; wo, aber, wäre Heiterkeit, Charme in seinen so einschüchternd »authentischen« Bildern, wo das leichte Licht, das reine Spiel? In seinen Aquarellen, wenn der Frühling kam und die Obstbäume bei Börnchen blühten, die Feldraine an der Quohrener Kipse unter Sonnenfasern zitterten. Bildnis Bronja Schmidt: Dresden als junge Frau gedacht. Dieses Erwartungs-Flimmern in ihren Augen, ist es siegessicher, aus einem grundsätzlichen Argwohn gereift, diese Augen, die auch wissen, daß alles ganz anders kommen kann; die Haltung ist es wohl, die reizt (Erlkönigin, tiefes, lockendes Blau des Kleids), dieser zurückhaltend nach außen gekehrte, von Längslinien Herkunft, Überlieferung, und Querlinien Eigenwillen durchzogene, sichtbar-unsichtbare Wappenschild sächsischer Bürgerwürde, der die Frage kennt nach dem: Was wichtig ist. Manche Bilder geben die Worte frei, sie drängen sich ins Wort, dieses Bild saugt sie ein, es will schweigen. Wie sie lieben kann! Und wehe, wenn sie liebt. Enttäuschung – und was für Hände, Querner hätte gesagt: Pfoten, die packt zu und hält fest; diese Frau ist fähig zu einer Liebe, so groß, daß sie für sich allein zu sein vermag, dem andern sogar den Tod gönnt, damit nichts an dieser Liebe mehr verändert werden kann, nichts sie mehr bestürzt; für immer geborgen vor der Veränderin Zeit. Trete ich ihr zu nahe? Ich fürchte. Wie stolz sie scheint und unnahbar. So hat der Maler sie gemalt, hat sie ganz und in ihrer Ruhe gesehen, deutet vieles nur an. Aushalten, diesen Blick, auch des anderen, der abwesend ist und dich liebt, schöne Fremde, auf die dunkle Weise, indem er dich »so« malt. Was sie weiß, aber für sich behält. Kein Schmuck, die Korblehne des Stuhls nur angeschnitten, Halbprofil, nichts lenkt von ihr ab.

… und dachte: Wer bist du? In der Ferne Dresden, die Residenzstadt, die auf dem krummen Rücken des Erzgebirges feiert. Hofhunde bellen. Die Stadt im Elbtal.

24

Das Zimmer war klein, es befand sich am Ende des Flurs. Die Ärzte legten die Patientenakten beiseite, bevor sie eintraten. Die Visitenschwester ordnete die Mitbringsel, zupfte Schleifen zurecht, strich geknittertes Geschenkpapier glatt, legte den Umschlag mit den neuen Fotos obenauf. Wir besuchten Frau Xylander, die seit ihrer Erkrankung an Kinderlähmung in den fünfziger Jahren in einer Eisernen Lunge lebte.

Das Zimmer war über und über mit Fotos tapeziert, auf allen die Frauenkirche, die meisten an der Decke, dort konnte Frau Xylander sie am besten sehen. Es war Brauch, daß die jüngeren Ärzte des Klinikums regelmäßig nach ihr sahen, versuchten, sie ein wenig zu unterhalten, mit ihr ins Gespräch zu kommen, ihr einen Wunsch zu erfüllen.

Abends öffnete eine Schwester einige der Parfumflakons, die in langen Reihen auf Wandregalen standen. »Meine Geschichten«, sagte Frau Xylander. Ihr Vater, ein Drogist, hatte Düfte für sie gesammelt, war durchs Land gereist, um Parfums zu erwerben, beinahe hundert Marken waren zusammengekommen. »Der Blaue Samt fehlt in meiner Sammlung«, sagte Frau Xylander, »das war ein seltenes Parfum.«

Ich las ihr meine Lieblingsreisebücher vor: »Die Form einer Stadt« und »Um die sieben Hügel« von Julien Gracq; »Der Skorpionsfisch« von Nicolas Bouvier. »Mit seinen unter Azaleen erglühenden Treppen«, schrieb Gracq über den Spanischen Platz in Rom; »Ich fuhr träge im Zickzack zwischen Haufen von frischen, dampfenden Elefantenäpfeln durch, groß wie Bienenstöcke«, schrieb Bouvier über Ceylon. Ihre Augen leuchteten, als ich das vorlas. Auf die Eiserne Lunge, in der sie liegen mußte, um atmen zu können, waren Fotos der Frauenkirche geklebt.

Schwestern und Assistenten hatten es sich zur Aufgabe gemacht, die Baufortschritte der neuen Frauenkirche für Frau Xylander zu dokumentieren, das langsame Wachstum aus allen möglichen Perspektiven festzuhalten. Jede Einzelheit interessierte sie. Ich brachte Gesteinsbrocken mit, weil ich glaubte, Frau Xylander damit eine Freude zu machen; aber sie war entsetzt, ich mußte die Steine zurückbringen. »Sie dürfen nichts nehmen. Es würde fehlen. Diese Steine würden zurückwollen.« Frau Xylander war in der alten Frauenkirche getauft worden, sie hatte Massenhochzeiten von Fabrikbelegschaften gesehen, das murmelnde Beten im Krieg gehört. Hinter ihr hingen vergrößerte Aufrisse und Detailskizzen; auf der Eisernen Lunge waren einige Spiegel so angebracht, daß sie alles genau erkennen konnte.

Wenn jemand vorlas oder eins der Tonbänder mit Geräuschen der Dresdner Brunnen, dem Lärm von der Baustelle am Neumarkt lief, die die Schwestern und Assistenten aufgenommen hatten, starrte sie an die Decke und glich einer Vogelfrau, von der nur der gerötete Kopf aus dem Behälter ragte, in dem sie gefangen war.

»Der Blaue Samt fehlt mir noch«, sagte Frau Xylander. In ihrer letzten Nacht lag auf der Eisernen Lunge ein Tuch, die Frauenkirche war eingestickt, das ganze, lückenlose Gebäude.

25

Neptunbrunnen: Oft habe ich auf der ehemaligen Chirurgischen Station 36 des Friedrichstädter Krankenhauses durch die Fenster eines Patientenzimmers auf den Dreizack Neptuns geblickt, der gebietend auf Dresdens bedeutendstem Barockbrunnen steht, irritierend alltäglich gerahmt von den Häuserzügen an der Wachsbleichstraße und der Institutsgasse. Worauf wies seine Hand? (Dieser Ausstoß an kristallinem Blut, schüttend und gar nicht anheimelnd, wie eine getroffene Halsschlagader.) Unter seinen Blicken lernte ich gipsen, Verbände anlegen, Anamnesen schreiben, tastete mich vor in das fallenreiche Handwerk des Operierens. Ich mochte diesen Brunnen, am meisten im Winter, wenn der Krankenhausbetrieb etwas Unwirkliches bekam, die Beleuchtungskörper in den Fluren und Stationen eher Anglerfischen in Meerestiefen glichen als Hilfsmitteln, die den Tag so nüchtern vertraten, daß jemand in der Verwaltung dafür zuständig sein mußte und sie mit dem Menschenfleisch, das sie zu Visiten erhellten, nichts zu tun hatten, nicht einmal mit den Gesichtern, die eigentümlich entleert, puppenhaft, in den Kopfkissen lagen. Wenn ich Zeit hatte, zum Brunnen zu gehen, nach dem Dienst oder nachts, in Pausen zwischen Ambulanz und Stationssorge, kehrten die Blicke in die Gesichter zurück, wurde aus einem Schenkelhalsbruch wieder eine Verletzung; um einen Lokalbefund mit eingeschraubtem Fixateur wuchs eine Hand mit ihren persönlichen Linien, ein Arm, ein Mensch, der sie auf seine Art bewegte. Die Stimmen kehrten zurück, flüsternd wie die Linien auf den Zeichnungen Dottores, der hier als Kinderarzt gearbeitet hatte. Mein Chef, Dr. Dieter Paul, der mit Dottore alias Dr. Wolfgang Lehmann befreundet war, hatte mir phantastische Aufrisse von Kathedralen gezeigt, später lernte ich die Köpfe der »Galerie der Nervenbündel« kennen, skurril und verletzt starrten sie vom Papier, Wundenwesen, der Durchsichtigkeit und ihren Geistern zugehörig, wie Dottore sie aus den Strichen von Lumbalpunktionskanülen und mit Tusche gefüllten Spritzen zog. Ich suchte den Brunnen. Es schien mir angemessen, daß ein Stück Antike hier aufgetaucht war; ich glaubte, daß die Elbe sich mit Tiber und Nil, in den unzugänglichen Zonen vorzeittief unter den Verzeichnissen der Geographie, zu einem Golf der gewesenen Stimmen vereinigte, einer siebenarmigen Styx. Flußgötter standen auf den Postamenten, die ausladenden, für andere Verhältnisse gemeinten Gesten brachen an den Zweckbauten ab; keine gemeinsame Sprache. Neptun, an seiner Seite Amphitrite, der von zwei wasserspeienden Hippokampen gezogene Muschelwagen, Vasen, Bassins, die nachmittags die stille Teestunde der Bäume über ihnen mit Bewegung versehen, Reliefs mit ägyptischen und römischen Landschaften – fremd steht der Brunnen hier, im Halbschlaf, in einer vergessenen Bucht der Historie gestrandet. Er hatte alles überlebt. Ich sah die Melancholie, das Wasser, das ihn hervorbringt und bezwingt, das unerklärliche Hinübergehn, Erneuerung.

Ostra-Allee: Fahre ich mit der 11 in die Stadt, steige ich gern An der Herzogin Garten aus, einer Brache, über der eine zerbrochene Tempelstirn das Wort Orangerie wie die Abdankung festlicherer Epochen trägt. Ich mag es, dem Lärm des Postplatzes ein Schnippchen zu schlagen, indem ich zu Fuß gehe und mich, begleitet von den Platanen der Zwingerseite und dem Festungsschatten des Schauspielhauses, der

Illusion hingeben kann, dem Einkaufsgedränge des Zentrums ausweichen zu können. Diese Vorstellung wärmt sich im Malergäßchen, das nur einen Hauseingang hat und als Schneise zwischen Schauspielhaus und einem ehemaligen Sitz der Dresdner Bank (in dem Anfang der Neunziger ein Friedrichstädter Anästhesist erschossen wurde) auf die Ostra-Allee weist; eine meiner Vorzugsideen scheint dort möglich zu sein, die direkte Durchquerung städtischer oberer Stockwerke, der Gehirne (wie man manche Regenwaldhabitate über Strickleitern und Stege in den Vogel-Etagen begehen kann); das Privileg, vom Arbeitszimmer mit eigenem Schlüssel in ein täglich mit Schminke und Krokodilstränen beköstigtes Haus schlendern zu können, bewerkstelligt durch eine Hängesänfte, wie sie Dresden (zwischen Schloß und Hofkirche) und Venedig (die Seufzerbrücke zwischen Dogenpalast und Bleikammern) gemeinsam schultern. An der Mündung der Ostra-Allee kollidiert das Geschäftsdresden des Postplatzes, der Wilsdruffer Straße (bestürzend matte Benennung einer Magistrale!) mit dem Theaterdresden, dessen Bühnen sich zu einem Barock-Riff alliiert haben, das sein Sandsteingebiß gegen die Zumutungen der Gegenwart bleckt, die sich in Form von Achselzucken und Architektur aus knurrendem Beton heranpirscht. Doch diesen Eindruck zu vermitteln, ist Teil des Programms – gut möglich, daß die Museums-Union, aus größerer Höhe betrachtet, magenförmig ist, daß die Erker Zähne eines Zahnrads, die Zwingerteiche am Grund mit Mühlsteinen versehen sind: eine überraschende Umgruppierung des Sichtbaren wie bei den Mustern der Nazca-Indianer in Peru, die Maria Reiche erkundete, oder Getreidekreisen, die erst einem Flugzeugpassagier ihr kilometerweites Geschichtsbuch öffnen. Hinter der Verschanzung, deren erste Linie im Zwinger die Putten besetzen, beginnt die Arbeit einer beutehungrigen Suchmaschine, durchrasselt von Aufzugsketten und Perpendikeln, die wie ein geheimbündlerischer Krake, in der Nachtbeleuchtung Clausen Dahls bedient von der Bruderschaft der dresdenfürchtigen Souffleure, ihre Gegenkreuzzüge plant, tief unter dem Nympenbad, diesem Geysir aus Locken, abgeschottet gegen ungebetene Gäste, immun gegen die Bemühungen der Netzbehörde; eine Kongregation marketingbewußter Hacker und Zeremonienmeister barocker Zapfprogramme, die nach Nahrung tasten, flüssig gemachte Rohstoffe in ihre Schatzlogistik speisen, Festplatten mit updates einer Sonderform des Stoffwechsels füllen: der römischen Verdauung. Von Generation zu Generation wird das Programm überschrieben: alles in sich hineinzuschlingen, die Brotkrumen der Gegenwart ebenso wie die Bankette der Vergangenheit, um das Geschluckte als seine eigene Historie wieder hervorzumahlen, jede Partikel im Moment der Entstehung schon registriert, katalogisiert, Bestandteil der Großen Ausstellung, die von den Lebenden für einen Besucher kuratiert wird, dem die Ewigkeit gehört.

Semperoper, die Bratschisten: stimmten ihre Instrumente. Viola, ein Name wie »Theumaer Fruchtschiefer«; Instrument der Schwermut und Versponnenheit, etwas für Hausmusik in Venedig an Herbstabenden, wenn die Wasser der Lagune mit der Piazza um das Inventar streiten, etwas für den beklommenen Frost, die herbe Wärme von Brittens Kammermusik, für den letzten Satz des 3. Streichquartetts. Die Bratschisten trugen ihre Fräcke sorgfältig, prüften den Sitz der Fliege im Spiegel neben dem Ausgang des Probenraums. Bratschisten müssen viel zählen, sagt das Vorurteil, und machen die Kontrabässe »rum«, so machen die Bratschen »tata«. Sie sind oft feinsinnige und kultivierte Menschen (was man nicht von allen Musikern sagen kann); keineswegs immer die resignierten, anti-expressionistisch veranlagten Charaktere, die in den bekannten Witzen herumspuken, doch gab es einige, die, ohne sich dessen immer bewußt zu sein, eine tiefe Verwandtschaft mit den Denkmalpflegern verband. Niklas fühlte sich zu den Bratschisten hingezogen, er liebte die Oper, bewunderte das unsterbliche Feuer dieser alten und hemmungslos verschwenderischen Kunst, und er wußte, was für ein Glück es war, in einer Stadt zu leben, die dieser Kunst soviel Achtung entgegenbrachte, ja, selbst aus einer ergreifenden, versteinerten Musik zu bestehen schien. Er ließ die Augen über die mit Kandelabern bestückten, hufeisenförmigen Ränge schweifen, wenn er sitzen blieb, den Kopf gesenkt und die Finger mit irgend etwas beschäftigt, bis das Publikum – nur Adolzaide würde außer Niklas noch warten – gegangen war. Die Bratschisten warfen ihnen vorsichtige Blicke zu: Die beiden kannten alle Partituren des Spielplans, die Fingersätze der Konzertmeister und die Striche der Dirigenten; Adolzaide, die als Häftling viele Jahre lang aus schwarzer Pappe Maikäferbeine gestanzt hatte für die Dresdner Schokoladenproduktion, würde mit der Anrede »Meine geliebte Kapelle!« noch in der Nacht einen Brief schreiben.

Residenzschloß, Tibor von Urvasi: Er stammte aus einer italienischen Familie, die reich gewesen war seit den Zeiten »Inzucht treibender Päpste«, wie er sagte, und noch reicher geworden war unter Mussolini. »Aber ich bin in die DDR gegangen. Sie wissen immer noch nicht, ob sie mir das nicht verzeihen dürfen. Sie kommen mit dieser Mauer nicht zurecht und mit den zwei deutschen Staaten. Sie sehen sie wie Nord- und Süditalien.« Was er tat oder getan hatte, wußte niemand genau. Er unterstützte unbotmäßige Künstler und engagierte sich bei der Denkmalpflege. Angeblich war er Konsul in Konstantinopel gewesen. Die Kommunale Wohnungsverwaltung hatte ihm zugesetzt, aber es war ihm gelungen, sich mit allen Mietern anzufreunden, selbst mit einer Frau, von der er ahnte, daß sie ihn bespitzelte. Als er seine Akte gelesen hatte, sagte er: »Du weißt nun soviel über mich, daß wir eigentlich heiraten könnten. Keine Ehefrau kennt ihren Mann so gut, und das ist doch eigentlich Liebe.« Manchmal trug er noch den dunkelblauen Kapitänsmantel, der ein wenig zu eng war, weil ein Schneider aus dem VEB Herrenmode der Versuchung nicht hatte widerstehen können, vom herrlichen und reichlich bemessenen italienischen Stoff etwas für den eigenen Bedarf zu nutzen. Urvasi schätzte Dresden, und auch, wenn er eine spitze Zunge führte, »um am Lack zu lecken, ich möchte gern wissen, ob die Schwärmerei wasserlöslich ist«, schwieg er lange und nachdenklich, bevor er äußerte: »Idealisieren Sie die Dresdner nicht. Viele sind erstaunlich nüchtern und leben ihr Leben durchaus prosaisch; man neigt dazu, die Schönheit ihrer Stadt für ihre eigene zu halten, und dabei haben sie bloß Glück mit der Landschaft.« Er liebte London und England: »Sehen Sie, dieser Isherwood ist doch großartig. Da schreibt er in ›Löwen und Schatten‹, daß er nie, solange er lebe, einen von Audens Hüten akzeptieren werde. ›Es gab eine Arbeitermütze mit glänzendschwarzem Schirm, die er kaufte, als er in Berlin lebte, und die am Ende verbrannt werden mußte, weil er sich eines Abends

Villa Marie 1982

im Kino in sie erbrach.« Urvasis Traum, zugleich ein erklärtes Ziel der Quitten-Gesellschaft, war es, nachts ins Schloß einzubrechen und eine Party auszurichten; Mokka von Dinglingers »Goldenem Coffezeugk«; Russisch Brot, gereicht vom Mohr mit der Smaragdstufe; Hunderte italienische Tenöre von Hunderten dieser mobilen, mit zwei Plattentellern versehenen Turntables; zum Abschluß »Salem-Aleikum, Cigaretten für Feinschmecker« mit einer geschälten Quitte.

Fürstenzug, Oberarzt Hellmich: Dieser hochgewachsene, sehnige Mann kam mit dem Rennrad ins Krankenhaus, früh, wenn die Holländischen Linden die Dämmerung abzuschütteln begannen. Er grüßte nach hier und da, ruderte mit langen Armen zur Chirurgischen Station 22, der Proktologie, schob Blöcke frischer Luft vor sich her, ein in blendendes Weiß gekleideter Magnet, der in die Station und die noch vage wartende Korona aus Assistenten sofort klare Linien brachte. Mitten in der Visite stellte er sich in Positur, heulte den Anfang einer Arie, riß die Augen auf und ließ den Zeigefinger am ausgestreckten Arm kreisen: »Wer sagt's mir, Rittersmann oder Knapp'?« Er schien ständig unter Strom zu stehen, wehte in die Station hinein, wehte wieder hinaus, bohrte rasch und erfahren einen Finger (die Visitenschwester konnte gerade noch den Fingerling reichen, kopfschüttelnd) in die die Proktologie wesentlich betreffende Körperöffnung, brummte einen Assistenten heran: »Sag an, Mädel« (wir waren alle seine »Mädels«), »wo hockt die Hämorrhoide?« Ich tastete und buddelte, für mich waren alle Hügel gleich. »Elf Uhr, Mensch! Übrigens sind wir Proktologen die wahren Historiker. Wir wühlen in Braun und Blut.« – »Herr Oberarzt«, jammerte eine Neunzigjährige im Nachtdienst, die er rektal untersuchte, »was machen Sie denn mit mir? Kann ich davon schwanger werden?« – »Ach Gott, das weiß ich nicht, gute Frau, man steckt ja nicht drin!« Beim Operieren erzählte er von Otto Rostoski, einem sehr verdienten Dresdner Arzt (er eröffnete die vermutlich weltweit erste Diabetikerambulanz), für seine Zerstreutheit bekannt. Nach dem Krieg hatte er viele Tuberkulosefälle zu betreuen, eines Tages reichte man ihm ein Baby zur Untersuchung. Nun stellen Sie sich doch nicht so an, sagte Rostoski, ungehalten das Baby abhorchend, und atmen

Sie endlich mal tief ein.« Er verließ die Klinik in Straßenschuhen und betrat die Straßenbahn auf Strümpfen, gewohnt, vor seiner Wohnung die Schuhe auszuziehen; mitleidige und wissende Dresdner brachten die Schuhe unterdessen zu seiner Frau. Hellmich, ein glänzender Operateur, präparierte geduldig eine um die andere der vielen Gewebsschichten, schweigend, beugte sich aber plötzlich zurück, um lachend aufzubrausen (man wußte nie genau, ob er es ernst meinte, deshalb war er auch gefürchtet) oder nach der Position von Friedrich dem Gebissenen und Albrecht dem Entarteten im Fürstenzug zu fragen. Manchmal erkundigte er sich bei der OP-Schwester nach Dr. Birkes, der im D-Saal der Unfallchirurgen operierte, derzeitigem Musikangebot (Dr. Birke, mein ehemaliger Stationsarzt, hörte Puff Daddy, bevor er sich P. Diddy nannte); Oberarzt Hellmich bevorzugte Barock.

Porzellansammlung: »Ein Augenblick des Glücks«, schrieb Herr Löwe in einem seiner Stadtbriefe, »eine Frau, die an einem sonnigen Tag aus der Frauenkirche in die venezianische Schläfrigkeit des Neumarkts tritt, und es scheint, daß diese Frau mit den angenehmen Seiten der Verwaltung zu tun hat; sie blickt kurz in die Helligkeit und sagt zu einem Bekannten, der vorüberkommt: Na? Wohin gehen wir heute essen? Sie haben die Auswahl einer wohlhabenden Stadtmitte: Pulverturm, Hilton, Kurfurstenhof, Coselpalais, Hotel de Saxe mit dem Stein der Buchstaben, oder eine Thüringer Rostbratwurst am Stand in der Münzgasse.«

Albertinum, Staab Architekten: Alt und Neu, dazwischen die Zukunft.

Kupferstichkabinett, Widerstandsabteilung: Und doch gibt es in Dresden unter der Oberfläche der Anpassung eine ins Leben drängende widerborstige Lava; wie überall begehrt Jugend gegen die Dogmen der Väter auf, deren größtes, hier, der Dresdner Zentralmythos von der unfaßbar schönen Stadt, die auf unfaßbar grausame Weise zerstört wurde, ist – und deren bedenklichstes die vermutlich unbemerkt in Kauf genommene, subtil beleidigende, aus dem Zentralmythos allerdings zu schlußfolgernde Suggestion enthält, daß Leben und Streben der Nachgeborenen oder Fremden, betrachtet man's genau, kaum zählen, jedenfalls unbedingt verblassen vor den Hinterlassenschaften, sichtbaren und unsichtbaren, früherer Generationen. Doch Anpassung ist in Dresden ebenso ein Thema wie Renitenz, wobei die Grenzen fließend sind und eins nicht selten in der Geschichte des anderen steht. Die heutige Stadt gäbe es nicht ohne die Widersetzlichkeit (Hans Nadler, Fritz Löffler), die den Zwinger aufzubauen half, gegen die Beseitigung der Sophienkirche und der Großen Meißner Gasse protestierte, die Abräumung der Schloßruine zu verhindern wußte, den Wiederaufbau der Semperoper und, nach 1989, den der Frauenkirche durchzusetzen fertigbrachte (Karl-Ludwig Hoch, Ludwig Güttler, Eberhard Burger, Kurt und Ingrid Biedenkopf) – gegen innere und äußere Widerstände. Zur Dresdner Unbotmäßigkeit gehört die alternative Kunstszene, die sich früh von kulturell-politischen Leitbildern verabschiedete; man hielt sich nicht an verordnete Maßgaben und trug die Folgen. Eine davon: die sonderbare, für Dresden charakteristische Allianz zwischen bürgerlicher und alternativer Kulturausübung: Oppositionelle Künstler traten im Kulturbund oder der gediegenen Pirckheimer-Gesellschaft auf, die von Rudolf Mayer geleitete bibliophile Eikon-Presse druckte Avantgardegrafik, Werner Schmidt, Generaldirektor der Staatlichen Kunstsammlungen, bis 1989 Direktor des Kupferstichkabinetts, kaufte, soweit es ihm möglich war, nach Qualität und nicht nach Gesinnung, Erhard Frommhold, streitbarer und im Marxismus-Leninismus wie wenige beschlagener Sozialist, führte den Verlag der Kunst, gemaßregelt und scheel angesehen von manchem Funktionär, zu internationalem Ruf. Trotz aller Zerstörung (vielleicht gerade deswegen) war Dresden ein Biotop der Ästheten. Hier blühten Orchideen wie der Lichtdruck (eine von drei weltweit noch existierenden Werkstätten befindet sich, geleitet von Edelgard Sachadae, in der Spenerstraße), der »gute Druck« überhaupt (Elly Schreiter, die Obergrabenpresse), der Scherenschnitt (es war nicht ungewöhnlich, seine Kinder auf diese Weise porträtieren zu lassen), das Schattentheater (Fritz Gay), Rahmen- und Passepartoutfertigung (Atelier Arlt auf der Bautzner Straße), Trick- und Silhouettenfilm, eine Filmkultur, an die ich mit dem Titel eines Puppentrickfilms von Johannes Hempel denken muß: »Als es noch Wassermänner gab«: Gottfried Stejskal und sein Wachwitz-Meißner »Filmkollektiv«, Ernst Hirsch mit seinen Beiträgen für die Sendereihe »Kostbarkeiten aus Dresdner Sammlungen«, der Filmklub »Camera«, in dem meine Freunde und ich, allesamt Cineasten, Meisterwerke aus den Anfängen von Nordisk Film bis zur Nouvelle Vague und aktuellen Produktionen aus Japan oder der off-Szene von Polen sehen konnten, begleitet von exzellenten Programmheften und ebensolchen Einführungsvorträgen. Der Sinn für Schönheit. Ich denke darüber nach, warum die Gruppe der 20, die sich am 8. Oktober 1989, zu Beginn der friedlichen Revolution, auf der Prager Straße gründete, eben Gruppe der 20 und nicht Gruppe der Hunderttausend heißt.

Zwinger, morgens: Rauch über den Teichen. Das Porzellan ist noch nicht reif. Die Glocken hoffen.

Porzellansammlung: »In Dresden ist nichts unmäßig außer der Vorstellung von Dresden«, schrieb Herr Löwe in einem seiner Stadtbriefe, »und das stört mich. Der Fernsehturm scheint die Ausnahme zu sein. Mitten ins Elbhanggrün gepflanzt, ein Sektkelch aus Beton (zur heiteren, mit einem Faustschlag auf den Tisch begonnenen Familienfeier), leistet er sich die souveräne Ignoranz gegenüber all den Traufhöhen, Angemessenheiten, dem guten Geschmack, die mir imponiert und die, zur Belebung des gesellschaftlichen Blutflusses, ihre kleine, bösartig wirkende, tatsächlich aber wie ein Tritt in den Hintern eines Faulpelzes erfrischende und anregende Aufgabe hat.«

Semperoper, die Uraufführungen: Im August 2002 traten Elbe und Weißeritz über die Ufer. Adolzaide ruderte mit einem Schlauchboot in die Oper, um zu helfen. Musiker, Touristen, die zufällig vor Ort waren, Hausangestellte, Bürokräfte, Freiwillige schufteten bis zur Erschöpfung gegen die Flut. Das Wasser brach in die Keller. Noten, kostbare Bücher, das Fotoarchiv trieben umher, Adolzaide watete durch ihre Idole. Maria Cebotari in einer »Tosca«-Aufführung, Torsten Ralf als Lohengrin, Arno Schellenberg im »Freischütz«, Carlos Kleiber dirigiert den »Tristan«; Fotos von der Dresdner Uraufführung aller Uraufführungen: 26. Januar 1911, »Der Rosenkavalier«, Hofmannsthal sitzt melancholisch in der Loge, neben ihm Richard Zwo, wie die Musiker sagen, und Strauss' Gattin Pauline mit gelbem Turban, das Europa der Belle Époque hört einem Spiel aus Wien zu, dem die Ahnung seiner Vergänglichkeit eingeschrieben ist, die Echos der kommenden Katastrophen. Aus Berlin werden Rosenkavalier-Züge nach Dresden fahren. Die Fotos schwimmen davon, so viele Adolzaide auch zu bergen versucht, die Widmungen verflüssigen sich, und die Klaviere, die unersetzlichen Steinway- und Blüthnerflügel, werden angehoben und schaukeln auf der Brühe, während die Pumpen laufen, die Kostüme von »Schwanensee« im Zuschauerraum trocknen und eine Rettungsmannschaft verzweifelt, Gesichter in den Händen, sich für ein paar Augenblicke auf eine Treppe setzt. Adolzaide hat das Lächeln einer Verrückten, als sie in den wandernden Papieren ihre eigene vertraute Handschrift entdeckt: »Meine geliebte Kapelle! ... Was ist es doch für ein Wunder, daß Sie jeden Abend den Streit begraben, daß Sie jeden Abend zusammen spielen!«

Porzellansammlung, Candida Höfer, Fotografie: Weiße Decke, Stuckbögen, pfirsichfarben ausgemalt, der Fußboden aus taubengrauen Steinplatten, glatt und schimmernd wie eine Eisbahn. Vier Beistelltische, ein Armstuhl, wahrscheinlich Deutsche Werkstätten, Hellerau. Links, von einer schwarzen Kordel beschützt, eine Vorhut aus Tieren, die dicht beieinanderbleiben. Rechts, ebenfalls hinter einer schwarzen Kordel, zwei weiße Vögel (Störche? Kraniche?), unter ihnen der Porzellanpfau mit zum Kreis geschlagenem Schwanz. Die dem Betrachter nähere der beiden provisorischen Deckenlampen eine graue Kapsel, blättrig und ausgetrocknet; durch das Weiß dringender Mohn.

Porzellansammlung, Atelier Eberhard Göschel, Werner Lieberknecht, Fotografie: Die über und über mit Schwarz bedeckten, bekleckerten, bespritzten, bearbeiteten Wände, ein Toilettenbecken (?) unter Weißschlacke, gespachtelte Sonnen, zerschabtes, hier verhungertes, dort geballtes und gemästetes Schwarz, Strahlen, Abbruch, ein Aufbäumen, hin und wieder ein Rotz Romantik, eine Fläche aus Pecheiern; Wahnsinn und Oktober haben den Raum erfaßt; wutverbrannte Türen, Fremdkörper (eine Zange, Messerklingen, Zigarettenstummel, Nägel) im Weißleib inkrustiert, der schwarze Narben zu bilden versucht. Was für Farben zwischen Schwarz und Weiß.

(Rosenkavalier: Diese mit Rokoko betreßte Sache, wahr nur beim Schlag der Uhren, Monolog der Marschallin, doch liebenswürdig, aus dem Meerschaum vor Abendland geboren –)

Porzellansammlung, die Präparatoren: Der verletzte Körper ist ihre Kränkung, die bleibende Wunde. Man versuchte, die alte, nahezu vollständig vernichtete Stadt wiederaufzubauen, nicht nur in Gedanken, sondern wie man eine kostbare, zertrümmerte Uhr Rädchen um Rädchen wieder zusammensetzt (und erst dadurch von Grund auf kennenlernt); man hatte verlorene Einzelteile nach verzweifelt gesuchten, glücklich gefundenen, »davongekommenen« Plänen wiederbeschafft (wie überhaupt das »wieder«, Indikator eines kindlichen, nicht immer verurteilenswerten Verlangens, in Dresden seine Rolle spielt); besessen von einer Idee, legte man den Traum der Stadt in die linke Schale, um die Wirklichkeitshölle in der rechten aufzuwiegen – das Züngleín an der Waage pocht, als wäre es aus Gewissen.

Porzellansammlung, Buchbinderei Funk, Oberwachwitzer Weg 1: »Lieber Thomas Sparr: Daß der Dresdentext Ihnen zusagt, freut mich sehr. Ich danke Ihnen für die Anregung dazu. Vor einigen Wochen bin ich nach Wachwitz zu einer Buchbinderin gegangen, um die frühe Fassung in ein paar Exemplaren binden zu lassen. Auf dem Weg blieb ich am Elefantenbrunnen stehen, aus dem ein Sarrasani-Elefant getrunken haben soll, der in der Zeit des 1. Weltkriegs Rüben und Kartoffeln nach Wachwitz bringen mußte, wofür man ihm eigens Lederschuhe anfertigte; Pferde und Zugmaschinen waren requiriert. ›Buchbinderei Angelika Funk, vormals Erich Finsterbusch‹, steht auf einem großen Schild am kleinen Haus. Hoch über einer der steilen Wachwitzer Moosstiegen finde ich eine Werkstatt, die selbst ins Buch gehört, eine aus der Gegenwart gefallene Kammer inmitten von alten Obstbäumen und Paul-Klee-Gärten, Wasser offenbar von der Pumpe, das Telefon ist noch ein ›RFT‹-Apparat mit Wählscheibe. In einer Badewanne liegen Bücher. Auf den paar Quadratmetern der Werkstatt stehen zwei betagte Pressen, über zwanzig Zentner schwer, eine ›Perfekta‹- und eine Radschneidemaschine. Die Buchbinderei hat keine Großkunden mehr, vor einigen Jahren kündigte der letzte, die Landesforstanstalt Graupa, für die Frau Funk und ihr Mitarbeiter Landkarten auf Leinen gezogen hatten. Ich war für die beiden wohl ein etwas sonderbarer Privatkunde, aus dem sie nicht ganz schlau wurden (ich fragte zuviel). Eine Woche später drückte mir die Buchbinderin die gebundenen Exemplare mit listigem Gesichtsausdruck in die Hand, zögerte, sagte, daß sie ›Blaueimer‹ kenne, die Betreiberin der Laufmaschenreparatur. Und dann begann sie zu erzählen. Ich dachte mir: Sonst äußern sich doch die Buchbinder niemals über Texte, die sie einkleiden müssen, teils wohl aus dem Bedenken, kein berufliches Risiko einzugehen, teils aus ehrlichem Desinteresse – wie es ja überhaupt eigenartig ist, wie wenig die verschiedenen Gewerke, die am Buch tätig sind, voneinander wissen oder wissen wollen; als ob sie in verschiedenen Universen kreisten, jedes für sich. So scheint es. Im stillen wird sich der eine oder andere doch seine Gedanken machen.«

Zwinger, Mathematisch-Physikalischer Salon, Candida Höfer, Fotografie: Weiße Decke, Tonnengewölbe, die Leuchter wie mit Rauhreif bedeckte Spinnen. Der Uhrensaal: Im Vordergrund vier Tische, längsseits aneinandergefügt, mit Schaukästen nach Art der Juweliere. Zentral – der Automat als Monarch – in einer Sondervitrine die von Baldewein und Bucher konstruierte Planetenlaufuhr. Auf den Zifferblattscheiben werden die Bewegungen und Umlaufzeiten von Merkur, Venus, Mars, Jupiter, Saturn und Mond dargestellt, auf der Vorderseite ein Astrolabium mit Sonnenzeiger, auf der Rückseite ein Ewiger Kalender. Über dem marineblauen Boden, hart und hallend wie die Flure der St. Petersburger Admiralität, rotiert in Sternzeit ein silberner Himmelsglobus mit vergoldetem Ekliptikring.

Porzellansammlung, Staatssicherheits-Gedenkstätte, Fotoraum: »Unmittelbar nach der Aufnahme in die Untersuchungshaftanstalt wurde ein Foto des Inhaftierten erstellt. Er verblieb dazu in seiner Zivilkleidung und durfte keine Veränderungen an Bart und Haarschnitt vornehmen. Es wurde ein dreiteiliges, sogenanntes ›Täterlichtbild‹ des Gefangenen in den Maßen 6×13 cm angefertigt, wobei der Untersuchungshäftling frontal, im Profil und im Halbprofil aufgenommen wurde. Er mußte sich dazu auf diesen Stuhl* setzen und wurde per Hebel in die entsprechenden Positionen gebracht. Zusätzlich wurde ein Zehn-Finger-Abdruck des neu eingelieferten Häftlings genommen. Der Abdruckbogen wurde durch den Häftling unterschrieben und in die Abteilung 32 für die Abdrucksammlung weitergeleitet. Es wurde zudem auf einem weiteren Vordruck eine Signalementbeschreibung angefertigt, das heißt, es wurden alle charakteristischen Merkmale des Verhafteten aufgezeichnet.

* Vorrichtung ... zum Anfertigen von Häftlingsfotos in Profil- und Frontalansicht. Der Verhaftete saß dabei auf einem Stuhl, der auf der Holzscheibe stehend mittels des Hebels um 90° gedreht wurde.«

Fürstenzug, Kalte Klawdia: So gut wie nichts spricht in Dresden mehr von ihnen, den Soldaten und Zivilangestellten der sowjetischen Armee, die von 1945 bis 1993 zum Stadtbild gehörten und meinen Freunden und mir wie ein ferner, doch konkret uns meinender Fangarm des Kriegs erschienen. Das Viertel in der Albertstadt, in dem »die Russen«, wie sie allgemein (mehr abfällig als salopp) genannt wurden, lebten, hieß »Klein Moskau«; eine Welt für sich mit eigenen Schulen, Kinos, Ärzten, Geschäften (»Magasin«) für Waren aus der UdSSR; die Beschriftungen waren russisch, die Preise in DDR-Mark ausgewiesen. Man konnte als Deutscher diese Geschäfte betreten, doch es gab eine unsichtbare Schranke, eine Hemmung, das zu tun, obwohl die Sonderkontingente Apfelsinen und Bananen lockten. Die Kugeln des seltsamen, rechenbrettartigen Geräts, Stschoty genannt, ein Abakus, mit dem die Verkäuferinnen blitzschnell hantierten und die Einzelposten aufaddierten, klackten in bedrückender Stille, in die wie in einen Abgrund die silbrige Zwitschersprache der Offiziersgattinnen mit dem Eintreten des

»Nemez«, des Deutschen, gestürzt war. Wenn ich in die Landesbibliothek ging, die sich damals in der Marienallee befand (mit einer Phonothek-Zweigstelle in der Garnisonkirche), blieb ich oft vor den Plakatwänden an der Kurt-Fischer-Allee, inzwischen Stauffenbergallee, stehen, auf denen Filme oder ein »Wetscher Musiki i Tanza« (Abend der Musik und des Tanzes), wie es Ulrich Hässler auf einer Fotografie im Band »Rote Brause« festgehalten hat, angezeigt wurden. Dresden war eine besetzte Stadt, manche nannten es »Dresdengrad«; nach 89 zogen die Truppen ab; es gab eine Zugverbindung vom Neustädter Bahnhof nach Brest. Ich erinnere mich an einen dieser Abzugstage, ich war von Leipzig gekommen, wo ich Medizin studierte, und bis zum Waldschlößchen gefahren, um in der Phonothek nach Schallplatten zu stöbern und geliehene zurückzubringen. Die Straße, überschwärmt von Uniformen, Geschrei, an- und abrollenden Lastwagen, glich einem aufgeplatzten Leib, aus dem all seine Innereien hervorquollen: Sofas, Bettzeug, Stühle, Tische, Kleinkram, Unmengen von Videorecordern und sonstiger Elektronik, die die Soldaten im Tausch gegen Veranstaltungen in den Kasernen erworben hatten; Kalaschnikowschießen und geselliger Umtrunk mit Pilaw war bei Leihbeamten und Geschäftsleuten aus den alten Bundesländern besonders beliebt. Es ging hektisch zu, es wirkte wie eine überstürzte und planlose Flucht, das endgültige Abstoßen eines Fremdkörpers von einem Wirtsorganismus, den er in immerwährendem Fieber und meist mehr als weniger störender Entzündung gehalten hatte. Dennoch gab es von den Passanten, die wie ich die Straße entlangliefen und eilig dem nackten, fremden Hab und Gut auswichen, keine hämischen Kommentare. Am Rand entdeckte ich die Kalte Klawdia. Sie rauchte eine Zigarette, anscheinend gleichgültig, wie unberührt inmitten von Kinderweinen und Chaos, neben ihr standen mehrere große Plastbeutel aus einem Supermarkt. Ich weiß nicht, ob sie mich kannte. Als ich mich, meine Scheu überwindend, ihr näherte, eine unbestimmte Armbewegung vollführte und »Kuda« versuchte (Wohin), sah sie mich kurz an, zuckte die Achseln. Auf die Heimkehrer wartete niemand; irgendwo in Rußland würden sie in Zelten hausen müssen. Ich wollte ihr etwas schenken, kramte in meinen Taschen, Geld hätte beleidigend wirken können (und ich hatte selber keins); ich

Mitropa 1991

fand nur mein Taschenmesser. Die Kalte Klawdia nahm es verwundert, dann hellte sich ihr Gesicht auf, sie griff, indem sie auf die Schallplatten wies, die ich unterm Arm trug, in einen ihrer Beutel, reichte mir einen Umschlag. Ich öffnete ihn in der Phonothek. Ein Röntgenfilm befand sich darin; wenn man ihn gegen das Licht hielt, erkannte man eine Lungenaufnahme mit den Zeichen eines Bronchialkarzinoms, darüber, in die Oberfläche des Films graviert, eine feine, fortlaufende Rille. Es war eine Schallfolie, auf einem Apparat hergestellt, in den die russischen Soldaten des Lazaretts zwei, drei Minuten lange Grüße an ihre Angehörigen sprechen konnten, die in eine handtellergroße blaue Plastscheibe geschnitten wurden. Klawdia hatte einen Röntgenfilm verwendet. Darauf befand sich, begleitet vom wiederholten, durch die schlechte Übertragungsqualität gedämpften »Gidje? Gidje?« – Wo? Wo? –, das Geräusch geschaufelter Kohle.

26

Wenn ich Miles Davis höre, die unsterbliche konzentrierte Frische von »Freddie Freeloader« oder »Blue in Green«, ist es mir, als lebte ich wieder in der »Insel Helgoland«, einem Mehrgeschosser mit putzbröckeliger Fassade und rindfleischroten Ziegelwunden, wie es bis zur Sanierung in der Äußeren Neustadt viele gab. Wieder warte ich im Kaffeehaus Lloyds am Martin-Luther-Platz, am Ecktisch vor dem Bücherregal mit Nippesfiguren, die mir vom Wind erzählen, vom Fluß; der hintergründig lächelnde Narr mit Reiherschnabelnase und blechschellenbeknöpftem Spitzhut, der Kavalier und die schmachtende, in einem Tanz erstarrte Porzellanjungfer, wahrscheinlich made in Hongkong oder Taiwan, Nachahmungen für die Trödelmärkte einer nostalgiesüchtigen Welt. Ich warte auf Lotte, die in einer Motorradwerkstatt arbeitete und nach Feierabend gern auf einen Schwatz ins Lloyds kam. Sie wohnte zwei Etagen über mir und wollte schon als Dreijährige Mechanikerin werden. In diesem vorurteilsfreien Alter erkannte sie – dies bestätigte ihr Vater, ein Klavierbauer – die Fahrzeuge am Motorgeräusch und am

Motorgeräusch die Fahrkünste. Ich wartete auf sie, um ihr zuzuhören, ihren Geschichten von tätowierten Frauen, Gewürzverkostungen, Pferdebeschneidungen, bei denen die Hoden des nunmehrigen Wallachs auf den Kompost geworfen und dort, perlmuttern schimmernde Kugeln, von den Hofhunden gefressen wurden, Geschichten von Ochsenledergürteln und Pflanzengerberei, Zwischengetrieben, spätestens beim Bier die Sagas der Oldtimer im Verkehrsmuseum und ihrem, wie sie formulierte, Lieblingsteil, der »Böhmerland« – ein sofalanges Motorrad mit botanisiertrommelhaften Anhängseln und einem Lenker, so eigenartig gebogen wie die Schwanzschwinge einer Gabelweihe. Albin Liebisch habe dieses Motorrad konstruiert, erfuhr ich von Lotte, und außer von Albin Liebisch sprach Lotte nur selten von Männern. Ich betrachtete ihre unter anderem mit einem Totenkopfring aus Jade geschmückten Finger, die, während sie Tee und dann ein Helles trank, so gezielt in die Geschichten stachen wie eine Injektionsnadel mit einer Ladung Adrenalin in ein ausgerutschtes Herz. Wenn draußen das Licht abnahm, sich der Dämmerung ergab, in den Eckspeiern der Lutherkirche verkroch, die so sehr dem Fledermauszauber von Kafkas Schriften glich, während die Bürgerhäuser ringsum die Nüchternheitspastelle der Buddenbrookswelt verkörperten, wenn das Licht in die Hände der Schattenspieler geriet, wurde das Lloyds zu einer verrauchten Kogge. Es kam die Zeit der Tees, die als rostige, bernsteingelbe, leguangrüne Bojen den Weg der beiden Kellnerinnen markieren würden, gestört von Blumen, die ein Brillantinescheitel-Bengale reichte: Rosen, besonders langstielige Rosen; erwarten Sie die, die Sie glücklich macht, mit einer Überraschung! Dann trug er, wenn alle an ihm vorbeigeblickt hatten, die rotbeköpften Schwerter wieder hinaus; einmal kaufte mir Lotte eine Chrysantheme, ich habe es, auch weil ich beschämt war, nie vergessen. Weiß, verschlossen und lichterloh wie das Gesicht einer Geisha auf einer Lumière-Autochrome-Fotografie, hinterließ diese Blume etwas Bizarres, angenehm Fremdes im Westindienzimmer, wie wir den Bereich mit Kamin, an dem Messingbesteck gelassen lehnte, Bibliothek, schwerhörigen Spiegeln, einem Zigarrenautomaten nannten, vor dem mittwochs eine Runde Philosophen saß und in Hegel-Ausgaben stocherte, um beim Qualm der Lonjas und Dannemanns aus dem Humidor zu beweisen, daß sich nichts geändert hatte am Gang der Dinge. Musik –

Quichotte, eine Frau, die nicht Windmühlenflügel jagte, auch nicht die der Stromerzeuger, sondern Stimmen, Gesichter, Geschichten, sie, die eine Zeit- und Leben-Sammlerin war, Marodeurin gegen den Untergang, den die Uhren veranlassen mit ihrer schwachen, aber stetig wirkenden Kraft. Quichotte, eine Liebhaberin des Vinyls, erzählte vom Schallplattentheater in der Webergasse, ertrug das Klavierspiel meines Nachbarn in der »Insel Helgoland«, Giuseppe Boffi, der Verdi Legato-Paläste baute, vor Beethovens Unwirschheiten zurückschreckte, in Puccinis Arien herumstolperte wie ein nachtblindes Kind auf der Suche nach einem Ausweg; sie dachte an die Klänge des Portugiesischen Cafés im Hechtviertel. Eine Schallplatte, deren Kreisen das Punktlicht am Plattentellerrand zu Tangoteig verdickte. Musik aus der Jukebox, deren Skelettarm immer wieder dieselben Stücke herausgriff, weil Brynn, die katzenhafte dänische Kellnerin, sie liebte und die Gäste Brynn liebten, ihre angenehme, für eine Kellnerin zu gerührte Aufmerksamkeit, ihr fast akzentfreies Deutsch und die Augen eines bei Großeltern aufgewachsenen, märchenbücherlesenden Mädchens. Was machte es, daß sie die Tees manchmal verwechselte, die jeder Gast sich aus den Schubladen ehemaliger Apothekenschränke auswählen konnte, daß sie manche Gäste bevorzugte und sich mit ihnen länger als üblich unterhielt. Jeden Abend kam ein griesgrämiger Rechtsanwalt, wärmte sich an einem chinesischen Schießpulvertee die Hände, zog einen Stapel Akten und eine Bleistiftspitzmaschine aus der Tasche, schärfte drei dunkelgrüne Faberstifte und begann in der Gerechtigkeit herumzupicken. Die revolutionäre Töpferin pflanzte die Fahne der Anarchie auf ihren Tisch, hißte nach Stimmungs- oder Weltlage auf Halb- oder Vollmast; hin und wieder stieß sie die mit Eulenaugenringen verzierte Rechte ins Haar und stand auf, um Untergrundpostillen zu verteilen, in der Akzidenz-Druckerei ihres ebenfalls anarchistisch gesinnten Onkels berückend schön auf zartgelbes Papier gedruckte, handgesetzte Bögen mit Hammer und Sichel, Thälmannmütze, über Metallurgen-Zahnrädern gereckten Arbeiterfäusten und Aufrufen zur Teilnahme an Demos. Manchmal spielte Tango Verde, manchmal sang Schaljapin. Emilie ist tot, die eine Klemm flog, das gelbe Flugzeug mit dem blauen Namen Hirondelle. – Quichotte, Wohnungsmaklerin, liebte die Zahl 19, weil sie die Einsamkeit einer Primzahl mit dem Stolz, sie zu ertragen, die Unbeugsamkeit der melancholischen Atlanten, die die Petersburger Häuser auswuchteten, mit Zurückhaltung vereine. Übrigens träfe das auch auf Brombeeren zu, die zu eigen und hintergründig seien, um die gefällige, oft auch nur platte Süße der Erdbeeren feilzubieten oder am Bonbonuniversum der Himbeeren teilzunehmen. Brombeeren, das sei unverfälschter Alltag, zugegeben mit der Aussicht aufs Wochenende, Brombeeren seien eine Charakterfrucht, heilsam und nicht ohne Strenge, weswegen sie Hedas Brombeerstilleben schätze, die Ergründlichkeit des Pastete und Tisch vorweisenden Raums – »Dinge, die noch etwas bedeuten«; auch Dresden sei, gewissermaßen, eine Brombeer- und keine Erdbeerstadt, obwohl die ruchlos unzüchtige PR-Maschinerie, der ganze Rummel aus Striezelmarkt, Stollenbäckerei, Pflaumentoffeln, Drehleiern, Semperoper und Frauenkirche anderes behaupte. Auch liebe sie die beiden Farben, die sich zur 19 verbündeten: das Weiß der 1 und das Blau der 9; ihr heimlicher Wunsch sei eine Tochter, an einem 19. geboren. Ob ich das verstehen könne? (Ich war mir nicht sicher.) So aber hatte sie, stellte sie mit der Unruhe derer fest, die überzeugt sind, ihr Laster heiße Zeitverschwendung, die besten Voraussetzungen, ihre Abende in einer Shisha-Lounge zu verbringen, den kühlen, auf Apfelarom reisenden Rauch einer Wasserpfeife unter dem beruhigenden Blubbern hintergründiger persischer Nachtigallen zu inhalieren. Danach war sie einigermaßen high, schritt glücklich durch den Hundekot, nannte ihn formlose Philosophie und schwärmte von James Joyce' Brillengläsern, die »so dick waren, daß sie jenes Teichgrau erreichten, in dem die Menschen und Sternbilder wie selbstlose Fische schwimmen«. Sie war zufrieden, wenn in den Wohnungen, die sie vermittelte, tiefere Tapeten zum Vorschein kamen. Wenn Häuser es verstanden hatten, von einem Naturschutzgebiet überwuchert zu werden. Sie liebte die clarté (ihr Wort) Stendhals – »das einzige 19. Jahrhundert ohne Korallen«. Begann die »Bunte Republik Neustadt«, deren gewalttätige Dünungen die »Insel Helgoland« erreichten, ging sie zu Dr. Selle in die Alaunstraße, in dessen Praxis Links und Rechts in feindseligem Frieden husteten, schloß zu Hause die Jalousien, legte eine CD ein, die sie mit Mittelmeerrauschen vollgebrannt hatte, las architekturkritische Schriften oder spielte Schach gegen eine vom Bauernhof des Großvaters stammende indigene Vogelscheuche, der sie den Namen Dritter Weg gegeben hatte. Vielleicht war ihre Trauer eine der Voraussetzungen, Trost möglich zu machen – einmal traf sie Lotte weinend auf dem Treppenabsatz, Lotte umarmte sie (»was mich auf die Idee brachte, eine Bar mit Namen Balalaika Brothers zu suchen«), Lotte hatte eine Frau verlassen, »wieder mal«, hatte sie gesagt, Quichotte war verständnisvoll genug, sie in die Wohnung zu bitten und ihr eine Flasche Brombeermost anzubieten, worauf Lotte beruhigter vor den Korridorspiegel trat, ihre nässeverklebten Wimpern bürstete, kritisch die schwarzen Tuschespuren auf ihren Wangen betrachtete: »Ooch ni' mehr das, wasses ma' war!« Quichottes Lieblingsbuch hieß »Lob des Schattens« von Tanizaki Jun'ichiro, ein schmales schilfgrünes Brevier über japanische Zimmer. Quichotte, wie ich sie nannte, hatte im »LeseZeichen« auf der Prießnitzstraße fünfzig Stück gekauft, um sie an Freunde zu verschenken; solange ich in der »Insel Helgoland« lebte, blieben alle Exemplare bei ihr.

27

Die Neustadt, dieses Berlin Dresdens, befand sich in ständiger Spannung und Bewegung. Wer zuzog, spielte eins der Brownschen Teilchen, die sich mehr oder weniger deutlich gebärdeten und unter dem Druck, jetzt sofort die Privilegien der Jugend genießen zu müssen (wozu sonst zog man in die Neustadt), den Reibungs- und Anheizprozeß mit frischer Elektrizität versorgten. Was dazu führte, daß der bunte Magnet Neustadt immer mehr Dinge und Menschen anzog, die von der Norm abwichen – bis das Schrille und Schräge selbst Norm geworden war, der Magnet die Prämissen änderte und Normalität anzuziehen begann. »Der Pirol der Pirole ist der Spatz, beim Spatz beginnt und endet das Pittoreske, das ist der Grund, warum sich die Montmartres nicht halten; aber würde sie tatsächlich jemand haben wollen, wenn sie nicht verlorengegangen wären?« stichelte der pensionierte Studienrat Himmelheber, von allen »Rat« genannt, erste Etage der »Insel Helgoland«. Er ging mit Schlips und Hemden, denen das Weiß der Birnenblüten genügte, wurde Kunde beim »Weltraumfriseur« Bautzner/Ecke Rothenburger, bekam das Haar getrimmt von Commander Doreen, zahlte spottlos einen der zwar geräumigen, aber fairen Preise; »Teil eines Netzes von Haarverschönerungsstationen, das die gesamte Milchstraße umspannt. Ein bestens ausgestattetes Raumschiffmodul, das wir unauffällig in ein Gründerzeithaus … integrieren konnten«. Rat Himmelheber aber war ein sogenannter Friseurnomade, denn außerdem suchte er »Barbier Boffi« auf, Giuseppe Boffis Ladenkombination (Haarschnitt, italienische Oper, Hundesalon). Rat Himmelheber speiste im Miniaturrestaurant »Herr Rosso und sein Hund«, Louisenstraße, gegenüber der Dreikönigschule, die in einer Epoche gebaut worden war, als man hinter »Jungen.« und »Mädchen.«, gemeißelt in kaisertreue Fassaden, noch einen Punkt setzte wie einen guten Grund für getrennten Unterricht. Herrn Rossos Hund blieb unsichtbar. Der Kellner hatte den Vorzug, schweigsam zu sein. Manchmal leerte sich Rat Himmelhebers Blick. Dann folterte ihn die schwarze Wut. Er war als Junge nach der Reichskristallnacht vierundzwanzig Stunden mit Straßenbahnen kreuz und quer durch Dresden gefahren, um der Verhaftung zu entgehen – nur um feststellen zu müssen, daß die Gestapo in dem Moment, als er sich der Wohnung näherte, seine Eltern und seinen Bruder abholte. Sein Vater rief: Was willst du? Scher dich fort, sonst könnte man denken, du gehörst auch zu uns! Eltern und Bruder kamen nicht wieder. Nach dem Krieg wurde er Lehrer. Er entdeckte das Gehör der Wasserwanze (»habe ihr was vorge-geiiigt!«), begann seine Stunden mit dem Liebeskummer zentralafrikanischer Darmtrichinen, endete beim Neandertaler, zwischendurch erfuhren die Schüler allerlei über Rosenzucht, Nachtschmetterlinge, Anophelesmücken, Vögel, die man an der Vogelwarte Hiddensee beobachten konnte, all das in fünfundvierzig Minuten. »Mein Bild von einer neuen, gerechten Gesellschaftsordnung hatte mit der Wirklichkeit des Vierten Reichs so wenig zu tun, daß ich, irgendwann, gewisse fatale Ähnlichkeiten zur Wirklichkeit des Dritten nicht mehr zu verdrängen imstande war.« Er ging durch das Viertel, erprobte mit seinem Malakkastock gern den Klang schöngeschnittener Exemplare von Pflasterstein-Katzenköpfen, setzte sich ins »bottoms up«, kehrte im »Stoffwechsel« ein, wo die Millionärsexgattin Sabine Ball Obdachlose versorgte, suchte in »Pfunds Molkerei« nach Erklärungen, fand statt dessen vielerlei Sorten Käse vor den Fliesen der Dresdner Firma Villeroy & Boch; er schenkte den verdutzten Bettlern am Supermarkt Alaunstraße, die immer wieder ihre riesigen Hunde umarmten, ein Aquarium, aber es half nichts gegen die Zustände verzweifelter Raserei, in denen er die Prießnitz entlang in den Wald lief, gegen die Ohnmacht seines Hasses, wenn er den Neumarkt »und seine verlogene Zuckerbäckerei« betrachtete, wenn er die Frauenkirche, zu deren Aufbau er einen bedeutenden Betrag gespendet hatte, in die Luft sprengen wollte, »um sie die Strafe bezahlen zu lassen, noch einmal und bis zu ihrem jüngsten Tag, all die Kleinbürger, die ihre Eierschecke fressen, vom alten Dresden faseln, vom Mythos der Steinernen Glocke, den sie sich kaufen zu können meinen, und nun haben sie eine Hülse bekommen, einen sandsteinernen Kaffeekannenwärmer, das ist die geheime, aber nie ausgesprochene Enttäuschung, des Kleinbürgers tiefster Kummer – alles ist da, genau wie es war, aber doch fehlt etwas, das Entscheidende, die neue Frauenkirche ist hohl, innen gleicht sie einem Stück Sachertorte, sie ist nicht mehr mit den Wünschen, Erinnerungen, dem Atem und dem Herzschlag von Generationen durchlebt; sie haben uns umgebracht, das bleibt ihr Kainsmal, und sie spüren es«; er schrie und tobte, und wenn seine Wut den gefährlichsten Punkt erreichte, wurde er still und sagte: »Nichts wird sich ändern. Der Mob ist ewig, die Neustadt ein Phantom – all diese Punks und Alternativen und Multikultileute, die Hanfdreher, Videoüberwacher, gutverdienenden Teilzeit-Aussteiger und Selbstgestrickten, weißt du, was sie tun werden, sobald sie die Gelegenheit dazu haben? Plündern werden sie, rauben, vergewaltigen und morden, genauso wie die, von denen sie das erwarten; sie glauben, anders zu sein, bessere Menschen, aber auch ihre Zivilisation ist nur ein dünnes Netz über dem unsterblichen blutfressenden Tier. Und womöglich bin ich selber keinen Deut besser.« Die Architekten widersprachen ihm. Sie tagten im »Arabusta« am Körnerplatz und hatten sich zu einem Netzwerk namens »[propeller.gelb]« zusammengetan. Lag es am Herbst, daß sie, Samurai der Moderne, deren Mütter die Mängel ihrer Socken und ihre Lieblingspuddings kannten, sie, die in mönchischen Idealen das Schlaraffia des Lichts und der Klarheit sahen und deren Sehnsucht es war, »endlich mal einen draufzumachen zwischen Barock und Fritz Löffler, aber so richtig; wir können doch ni' immer von Muhmjen lähm!«, daß sie, die nach Berlin zum Potsdamer Platz fuhren, um diesen Silizium-Hafen zu bewundern, die Verteidigung George Bährs entdeckten und den Wiederaufbau der Frauenkirche gegen Rat Himmelheber in Schutz nahmen? Der neue Mythos sei doch der des Wiederaufbaus, der gemeinsamen, bürgerschaftlich getragenen Anstrengung, welche Leistung! Und so recht der Rat habe, daß eine Sage nur dort entstehen könne, wo vielen gemeinsam etwas bedeute, wo man Stücke, und besondere, von Leben hinterlegt habe: Taufen, Hochzeiten, Begräbnisse: so seien doch diese Bedingungen bei der neuen Frauenkirche erfüllt, Zeit- und Lebenszoll heutiger Generationen entrichtet, der Rest sei Patina, und die komme von allein.

»Insel Helgoland«. Die Neustadt sog ein, spie aus, kurbelte Miethaie zu Fischstäbchen. Erscheinungen, wie sie im Wort »Konzertklause« bewahrt sind, verschwanden, Brigadefeiern, Topfpflanzen unter Gilbgardinen, Skatturniere, Grands Ouverts, eingerahmt an der Wand. Der Wirt der »Konzertklause« trug einen Lederkittel, angeblich aus Wirtsvaters U-Boot-Mantel geschneidert, und zapfte das Bier mit der Konzentration eines Konstrukteurs. Der Kellner mochte um die Siebzig sein, kannte die Gäste, wußte, was sie tranken, stellte ihnen ihr Getränk, ohne zu fragen, auf den Tisch. Es kamen tätowierte Jungs in engen Blazern, Narben an den Armen, zu Sitzungen ihrer Vereine »Harmonia« oder »Freunde der heiteren Muse«. Manche dieser Sitzungen endeten mit schlagenden Argumenten, und mehr als einmal habe ich Lothar »Möwe« A., der in einem Schrotthandel arbeitete und »Juwel«-Zigaretten rauchte, im Krankenhaus Bierglasscherben aus seiner gut durchbluteten Kopfhaut entfernt. Es kamen Herren ohne Zukunft und Damen mit Vergangenheit, fünf spielten fast jeden Abend Rommé, eine trank ihr Bier nur vorgewärmt, der Kellner legte es ihr auf die Heizung. In »Hebeda's Familieneinkehr«, Rothenburger / Ecke Böhmische, spielt jetzt die Zebra Disco (»Tanzen macht schön«). In der Gaststätte »Bei Muttern« wartet, verteidigt von Tischen mit gemangelten Decken, eine alte Registrierkasse, einsam wie ein Kamel im Regen. Das »Carte blanche« bietet Unterhaltung für jene, die hinter dem Billigen, Schalen, Lauten einer auf Nepp getrimmten Transvestitenshow die elementare Spielfreude, die Kraft, mit Einsamkeit fertig zu werden und »das Beste draus zu machen«, zu sehen vermögen; das anrührende »Kopf hoch«. Kneipen, Bars, Cafés – inzwischen kommt wahrscheinlich auf jeden Bewohner der Neustadt ein Etablissement. Die »Schauburg«, eine büffelbraune Zitadelle an der Königsbrücker / Ecke Bischofsweg, hält Dresdner Kinotradition hoch. In der Filmgalerie »Phase IV« findet man die seltensten DVDs, womöglich sogar Filme, die nie gedreht wurden; Melville-Spezialisten klappen die Kragen ihrer Trenchcoats auf, verschwinden in Delons Nebel-Paris; irgendwo sitzt die Olsenbande beim Tuborg über einem mächtig gewaltigen Ding. Graffitti wuchsen, auch an der »Bäckerei und Conditorei Erich Claudius«, deren Brotduft über die Kamenzer wie ein Luftzug aus dem Paradies strich. Graffitti verschwanden, auch am »Condomi« und der »Scheune«, deren Suchertum noch nicht einmal bei Lotte Reinigers Scherenschnittfilm »Die Abenteuer des Prinzen Achmed« endete. Das »Catapult« offerierte Überlebenspakete, farbige Gefühle, den Heul-Dollar, »das starke bedruckte Designertaschentuch«. Parkplätze gab es immer zu wenig. Bagger wühlten die Erde auf. Irgendwann entschloß sich Rat Himmelheber, in Analogie zu Lichtenbergs Perückenschwanzkatalog einen der Hundehinterlassenschaften zu erstellen. Im Armyshop gab es geflickte Seesäcke und Messer von NVA-Kampftauchern. In die Glascontainer neben der »Insel Helgoland« klirrten Flaschen auch nach 19 Uhr. Zwei junge Frauen mit überlegten Bewegungen, einem original erhaltenen erzgebirgischen Spinnrad, beträchtlichen Vorräten an Flachs und Wolle, Räucherstäbchen nebst zugehörigen Einsteck-Kanus, Aromatees, Wohlfühlkerzen, gefärbten Lederarmbändern, Sandelholzschmuck, chemielosen Säften und Marmeladen, einem Sortiment an Wünschelruten, die sie in ihrem Naturladen »Rita & Ruth« nicht nur zum Brunnensuchen anboten, machten mit den Architekten von »[propeller.gelb]« im Erdgeschoß der »Insel Helgoland« eine WG auf. Abwasch und Reinigung gingen reihum, blieben aber an einer albanischen Putzfrau hängen. Die Architekten waren für, Rita & Ruth waren gegen die Waldschlößchenbrücke. Sie knüpften Verbindungen zu Bauernhöfen, auf denen glückliche Hühner glückliche Regenwürmer scharrten und antibiotikafreie Eier legten. Sie färbten Stoffe und spielten abends für die Kinder aus der Straße Puppentheater. »Coloradio« brachte Interviews mit Bands, deren Mitglieder halbe Minuten lang ins Mikro schwiegen. Punkmusik hämmerte. Sofas standen im Freien, Hausbesetzer genossen die Sonne. Matratzen brannten. Molotowcocktails flogen durch die Luft. Polizei trieb Pulks von Revolutionären mit viel Metall im und Kapuzen über dem Gesicht in die Hinterhöfe, wo Holztrümmer, vollgekotzte Kinderwagen und verkokelte Wäsche auf den Wäscheleinen übrigblieben. Rita, die aus Hamburg elbeauf gezogen war, bot Webkurse an, die Architekten pflegten die website. Ruth, begeistert von den Neustädter Möglichkeiten, nahm Kontakt mit außerirdischen Zivilisationen auf.

28

Wir gingen spazieren. Die Elbe wirkte leicht, die Häuser schwammen davon. Giuseppe war traurig. Sein Schnurrbart hing schief herab, und nicht erst, seitdem Rat Himmelheber für immer aus der »Insel Helgoland« fortgezogen war. Wer sonst wollte noch zu Arien aus italienischen Opern rasiert werden? Wer ließ sich überhaupt noch mit dem Messer rasieren? »Ach«, ließ Giuseppe manchmal seine Gehilfin Şirin wissen, die Comics zeichnete, wenn bei »Barbier Boffi« gerade nichts zu tun war, »die Zeit vergeht.« Er war traurig und putzte die Gipsfiguren im Salon nur halb. An geraden Tagen die rechte Hälfte, an ungeraden die linke. Manchmal verwechselte er es, seitdem ein Cassabuch vollgeschrieben und ein neues noch nicht begonnen war. Und dann trug auch die Dame mit dem Mut zum großen Hut Trauer, denn Caligula war gestorben, ihr Zwergpudel, wahrscheinlich an Arteriosklerose. Caligula hatte zuletzt einer Schlummerrolle geglichen, auch ohne die tägliche Waschung mit Hundeshampoo. Die daraus folgende Gelassenheit ließ Caligula, wenn er die Dame mit Hut Gassi führte, nur bis zum linken Vorderreifen des Autos vom Koch gelangen; der rechte Vorderreifen gehörte Nebukadnezar, dem Hund des Betreibers einer Gay-Bar. Giuseppe hatte das Gefühl, daß die Abende das Septemberblau festhielten, dann sah er nach dem Barometer über der Theke von »Barbier Boffi« und fand es auf »Veränderlich« stehen. »Ach«, seufzte er, indem er mit mildem Knall eine Mücke im Cassabuch begrub.

Vielleicht war es der Herbst, der ins Viertel gekommen war wie ein Fremder, der alte Ansprüche hat, ein Mann mit stillem Schritt, den die Katzen auf den noch durchwärmten Steinen spürten, so daß sie die Köpfe wandten, wenn er vorüberging; ein Fremder, den man sah und beobachtete, weil er sonderbar schien und nicht zu uns gehörte, der uns nachdenklich werden ließ, er zögerte nie vor einem Haus, einem Eingang wie vor etwas Unbekanntem; Verhältnisse, die sich änderten: wir gehörten nicht zu ihm. Giuseppe spielte Rat Himmelhebers Lieblingsarien. Pavarotti war nicht bei Stimme. Die Septemberregen kamen, hellgrün und kühl. Die Schatten blieben länger.

29

An der Elbe verlangsamten Niklas und Urvasi ihren Schritt, so daß sie in den Kreisel aus Licht gesogen zu werden schienen, den der Altweibersommer mit Trauerweidenzweigen trieb; der saphirklare Lack des Blätterfließens bedeckte Wege, Spaziergänger, ein Kiesschlepper schmolz in der Silberdistel-Glut vor der Augustusbrücke.

Niklas erinnerte sich an seine Jugend im kriegszerstörten Dresden. Die evakuierte Staatskapelle spielte in Bad Elster und Bad Brambach, im

»Goldenen Löwen« in Freital, im Kurhaus Bühlau, wo es die legendäre, von Erhart Kästner dokumentierte »Salome«-Aufführung mit Christel Goltz gegeben hatte. Mit einem Eintrittsbrikett in der Tasche und Hunger im Magen sei man mit der 11 hinaufgefahren, nach der Aufführung wieder zurück in die Stadt. Dem Kontrabassisten, der vor der übervollen Bahn zurückblieb, habe ein Fahrgast zugerufen: Siehste, wärste Flötist geworden, hättmer dich ooch noch mit reingequetscht! Ja, die große Dresdner Opernzeit. Schuch, Busch, Böhm, Elmendorff, Keilberth, Kempe, Konwitschny, Suitner … Heute alles vorbei. Kein Student mehr in der Semperoper. Sinopoli habe Vorträge im Gobelinsaal organisiert, über die Neue Wiener Schule, aber kaum jemand habe sich dafür interessiert. Sinopoli als designierter Generalmusikdirektor habe einen geharnischten Leserbrief »in unserem Blättel« veröffentlicht, Niklas winkte ab. Ja, die Leserbriefe, sagte Urvasi. Und vor allem die Leserbriefschreiber. Eine besondere Dresdner Angelegenheit, meistens männlich. Er warte, unser ausgelatscht mundwerkender Residenzspezialist, Füllergranaten und Kugelschreiberflak stünden bereit, E-Mail-Geschütze und Schreibmaschinenartillerie seien sorgfältig gewartet und zum Abschuß präpariert, denn bereit sein sei Pflicht und der Feind überall, kaum erwarten könne es der Leserbriefschreiber, das Falsche, Stadt- und Ansehenschädigende im Dauerfeuer zu vernichten, viel Haß und Rachedurst lauerten unter den Gemütsschichten aus Stollen und Eierschecke! Beispielsweise eine solche Diskussion, wie sie sie eben führten, öffentlich – ein Tanz auf der wenn nicht Waldschlößchen-, so doch Fakirbrettbrücke über Dresdner Spezialabgründen! Niklas habe das »designierter« vor Sinopoli und Generalmusikdirektor präzise angebracht, denn Sinopoli habe genaugenommen ja Generalmusikdirektor erst werden sollen, Chefdirigent der Staatskapelle sei er gewesen bis zu seinem tragischen Tod. Und wenn man sage, Dresden sei Barock, so kämen die Leserbriefschreiber und sagten: Dresden sei Renaissance. Sagt man: Wenn man durch die Stadt geht, muß man verblüffenderweise feststellen, daß das bißchen Barock auf einen Daumennagel paßt und die eigentlich stilbildende Bebauung so ist wie überall, zum Beispiel die Prager Straße mit ihrer Glas- und Stahl-Verkaufsarchitektur – dann wird man zu hören bekommen, man habe keine Ahnung und sollte kein Recht haben, den Mund aufzumachen. Sage man, die Stadt sei immer schon ein bißchen von gestern und habe bereits anno dunnemals in ollen Kamellen gekramt, wie man bei Kügelgen, »Jugenderinnerungen eines alten Mannes«, feststellen könne, so werde es Zuschriften hageln, die auf die Künstlergruppe Brücke verweisen, und wie es doch in Dresden die Moderne sehr wohl gegeben habe, in Hellerau beispielsweise mit den Bemühungen der Tänzerinnen Wigman und Palucca, mit den Deutschen Werkstätten, Dalcroze, dem Werkbund, den Bauten Tessenows und Riemerschmids. – Die Moderne in Dresden, sann Niklas, wenn man denn Hellerau zur Stadt rechnen wolle. Immerhin befinde sich ein deutlicher Streifen Sand dazwischen, der Heller, auf dem die Bewohner der Albertstadtkasernen ihre Übungen abgehalten hätten. Außerdem die größte Kleingartensiedlung Deutschlands. Dresden als Militärstadt, mit Heeresbäckerei, brüllenden Feldwebeln, Armeemuseum und dem ersten deutschen U-Boot, Bauers Brandtaucher, nicht zu vergessen das Luftgaukommando des Hygienemuseum-, Bismarcktürme- und Augustusbrückenbauers Wilhelm Kreis aus Eltville am Rhein, das Luftgaukommando als schwere Naziburg, später Militärakademie Friedrich Engels, inzwischen Bundeswehr.

Das dienernde Licht, »jetzt«, wiederholte die Fehler des anderen Ufers, die Kränkung, die ein Plattenbau für die Elbauen bedeutete. Wir gingen am Wasserwerk vorbei. All die frische, aufbessernde Kraft, die man atmete, wenn das Auge die Farbenstufen der Loschwitzhänge hinaufkletterte, grundierendes Wollgrün, die vorsichtigen Retuschen der Birken, die das Grün im probenden Herbsttheater differenzierten: Fichten-Parterres, schweigend und kritisch wie Anrechtsinhaber angesichts von Touristen ohne Andacht und in der grellen Kleidung der Sterbensangst (die Ocker- und Lohrot-Gebärden des Ahorns, der Blutbuchen); wieder einzelne Birken, die mit ihren Kronenkostümen prahlten, im ersten Rang fingerschnippfrech aufglitzernde Blätter, Heringsschwärme in den Laubbuchten, Kassenstürze von Kupferpfennigen dazwischen; Gegen-Blau, das grobe Grün von Wacholder und Lärchen, durchrötet von Vogelbeeren; vor der Brücke eine Birke mit einem Stamm von der Schwarzweißpracht des Hermelins, die Blättermasse in den schleifenden, kreisenden Bewegungen der Parkettabzieher; der Fluß trug wankelmütiges Licht.

Wir Italiendeutschen! Niklas Tietze zog seinen Mantel aus, warf ihn über die Schulter. Immer wenn er in der schönen Jahreszeit spazierengehe, gebe es den Moment, in dem alles leicht werde und er selbst frei, wo sich alles wieder einander zuwende, die Gesichter sich in den Gegenübergesichtern spiegelten und sagten: einverstanden. Am schönsten sei es mit Beginn der Blütenzeit, im Frühling. – Schon, sagte Urvasi, ja, der Frühling habe einiges für sich. Allerdings auch einiges gegen sich: all die Skater, Jogger, Angestellten auf Citybikes und Leichtmetall-Rollern, die einem die Besinnung störten, Fußball-Rüpel, Hiphopper mit ihren Gehörschlachtschiffen, die von ihren Hormonen durchdonnerten Brachialküsser auf den Bänken, und natürlich müsse alles aufknacken im Frühling, Rosafarbenes, Lanzettliches, auch einfach nur Schnödes werfe mit Pollen herum, daß die Schönheit allein beim Niesenden sei. Er warte auf den Mann, kein Gärtner, kein Politiker, kein Flötist, der freiwillig an einer Parkrose rieche. Herr Tietze müsse verzeihen, aber er sei an solchen Tagen halber Nasopath, leider! – Was ihn, sagte Niklas, an einen seiner Patienten erinnere, den Herrn B., genannt Vergiftete Bommel. Für den beginne der Frühling, wenn unter seinem mit Zeissfeldstecher und Direktleitung zur Polizei ausgerüsteten Verandafenster die Falschparksaison eröffnet sei. Mit erlesener Pfeife und einem Glas Wein verbringe Vergiftete Bommel genußreiche Stunden auf dem Beobachtungsposten. Es handele sich um eine Spielstraße und Sackgasse außerdem, deren vorderer Teil, in dem besonders gern Autos abgestellt würden, bereits zu einem Kreuzungsbereich gehöre. So daß dort das Parken strikt verboten sei! Vergiftete Bommel habe ein Schild gefertigt – wetterdicht verschweißt –, das auf den Sachverhalt verweise, letztlich ein Fehler! Er habe die Warntafel wieder abgehängt, weil er das Gefühl hatte, sich durch diesen allzu eilig und uneigennützig angebrachten Gesetzestext um durchaus befriedigendere Erlebnisse zu bringen. Vergiftete Bommel habe ihm, seinem Arzt, gestanden, diese immer wiederkehrenden Belehrungen, die er mit einer von offizieller Seite überreichten Armbinde als Polizeihelfer habe durchführen müssen, tiefinnerlich zu genießen. – Ach, dem habe ich das zu verdanken, Herr Urvasi kniff kühl die Augen zusammen, ergänzte: Ich weiß nichts, aber das immer aufs neue! Herr Tietze, Sie haben mich eben vor dem Abheben bewahrt. Er müsse, sagte Urvasi, sein Konzept des Dresdner Bildungsbürgers, genannt Bibü, überdenken. Es nisteten eben auch Bibüs wie Vergiftete Bommel in Dresden, durchaus am Elbhang, wo Kunst und Natur Hochzeit machen. – Wobei es ja, sagte Niklas, genaugenommen zwei Elbhänge gebe mindestens. Den Thomasmannelbhang und den Hermannhesseelbhang nämlich. Der Thomasmannelbhang, der bürgerlich-mondäne, sei der Weiße Hirsch. Das sei die Standseilbahnseite. Der Hermannhesseelbhang, die Schwebebahnseite, wähle grün, wandele in der warmen Jahreszeit in Leinenkleidern durch Loschwitz und Wachwitz, lebe im Revier der Obstbaum-Unikate und gutgefüllten Regentonnen, denen man ebenfalls, gewissermaßen basisdemokratisch, den Vorschlag mache, sich »einzubringen«. Aber ich liebe es, sagte Niklas. Schon in den Bäumen blühe Musik, Schumannsche Reverien, man gehe nach Hosterwitz zum Weberhaus oder nach Graupa zu Richard Eins, und wenn das Elbhangfest beginnt, im Juni, stünden die Gärten offen, man könne sich an die Tische setzen und mit wildfremden Menschen über Gott und die Waldschlößchenbrücke plaudern. Manchmal habe er das Gefühl, in Arkadien zu sein. Bei Gärtners im Ersten Steinweg! Unvergleichlicher Blick von der Terrasse, dazu Kuchen und Freundschaft. In der Wollnervilla gegessen, unter Orangen und sonstigen südlichen Pflanzen, die Wespen in der Limo, was für ihn, sagte Niklas, eine Heimatchiffre sondergleichen sei. Die Papiermonde leuchten, im Kunzeschen Antiquariat gegenüber der Loschwitzer Kirche gehen noch Goethe und die Romantiker ein und aus. Und darüber ein kleiner menschlicher Pharao: Sascha Schneiders Sonnenanbeter beim Schloß Eckberg. – Es gebe, sagte Urvasi, in unserer Stadt wahre Sonnenaufgänge der Ahnungslosigkeit, handwerklich tadellos gemacht. Denen Liotards Schokoladenmädchen einfach nur eine kleine Erfrischung bringen will. Nichts kam an gegen die Schwerkraft Meißner Kaffeeservices ... Krieg, Brandschatzung, Raub, Ämter mit riesigen, kleinkarierten Augen, die mit der Nüchternheit einer Bürosukkulente das Unsterblichkeitsgrau der Formulare hinunterwandern; aber dieses Mädchen und ihr Kakao seien immer noch da, haltbarer als üble Nachrede sei dieses Pastell! Dieser eine, ewige, aus der fragilsten Kammer der Zeit entlassene Nachmittagsaugenblick, in dem man sich einen Freiflug gönnt zwischen zwei Gestirnen: dem abflauenden Mars der Vormittagsgeschäfte (heute, fügte Urvasi hinzu, würden in der Liotardschen Zeitfurche Mails »erledigt«; er mähte zärtlich knapp über eine Dahlie) und der noch vor dem Ankleideraum zögernden Venus der Abendvorstellungen. – Wenn Sie damit andeuten wollen, daß wir nicht weltläufig sind, sagte Niklas, so muß ich entschieden widersprechen. Wir ahnen durchaus, daß es auch Menschen jenseits des Elbtals gibt. – Zum Beispiel in Leipzig, sagte Urvasi. – Das aber noch nischema een vernünftschen Fluß hat, sagte Niklas. – Wobei ja die Zündschnur der Dresdner Eifersucht, sagte Urvasi, Traufhöhe heiße, historisch verbürgte zumal. Wehe dem Architekten, der sie mißachte, er werde sich, bei der öffentlichen Vorstellung seines Projekts, mehreren Hundertschaften genauestens informierter gebürtiger Dresdner gegenüberfinden, die während seines Vortrags zu Boden starrten und die Arme verschränkt hielten. – Zustimmung, Niklas nickte, sei dafür nicht das treffende Wort. Immerhin, der Neumarkt werde ja angefeindet, aber man müsse doch sagen, daß es wieder ein Zentrum sei. Die moderne Architektur habe nicht verstanden, daß es außer Leitbauten wie der Hamburger Elbphilharmonie auch Wohn- und Geschäftsbauten geben müsse, die den Menschen das Gefühl von Zuhausesein vermitteln, Geborgenheit, also das, was der Begriff Wohnung eigentlich verlange, im weiteren Sinn die Urbanität. Bevölkerungsbau, mit einem Wort. Er sehe nicht, wo das der modernen Architektur gelinge, das sei ihr Akzeptanzproblem. – Andere Epochen hätten, sagte Urvasi, recht rücksichtslos ihre Vorstellungen durchgesetzt, oder solle man glauben, vor dem Barock habe es in Dresden nichts gegeben? Wir leiden unter Gestritis, und wo nicht zu vermeiden, dann künstlich auf in die Vergangenheit, retro, naja. Was für eine Zeit, die so etwas nötig hat. Aber das ist nicht nur ein weites, das ist ein Trümmerfeld. Es beschäftige ihn schon lange und sei ihm auch ein gewisses Rätsel, weshalb historisches Bauen so akzeptiert sei und modernes nicht. Der moderne

Architekt, sagte Urvasi, sei der natürliche Feind des Dresdners, des gebürtigen zumal. Und die Baugrube sei der Abgrund, in dem die Schönheit versinke. Wenn der moderne Architekt glaube, besonders fortschrittlich sein und etwa den Neumarkt für eine Puppenstube erklären zu sollen, eine Fälschung aus dem Geist beschränkter Nostalgie und einer Sehnsucht, die auf Kitsch und »wie immer« hereinfalle, so werde er zu verstehen bekommen, daß Gemütlichkeit und »Sahneschnitte« Wunsch und Wille des Volkes seien, daß er seine Glas-Stahl-Beton-Visionen gerne irgendwo im Westen verwirklichen dürfe oder, wenn schon in unserer Residenz, dann auf einer der vielen Brachen; aber doch nicht an städtebaulich sensiblen Punkten wie dem Schlagschatten der Frauenkirche. Und wenn der moderne Architekt argumentiere, daß »die Zeit, in der wir leben« ihren Ausdruck finden müsse und also modernes Bauen auch und gerade in der Altstadt seine Berechtigung habe, werde ein töteseliges Glimmen in die je nach Gemüt argwöhnisch verengten oder entrüstet geweiteten Augen der Zuhörer geraten, werden sich Blicke heben, um a) »den Kerl das spüren zu lassen« und b) ihn sich genau einzuprägen: Unsere Altstadt gehört uns, hebe dich hinweg, du Stümper, mit deinen Bauten, die unsere Herzen nicht erwärmen! »Um Gottes willen – ä Moderner! Ich hab gehört, der erntet selbst de Äbbel ohne Kompromisse!« – »Ach weeßte, der wird in Dresden nich lange tätig sein, nichwahr.«

30

Niklas erzählte von seinen Anfängen, erstem Geigenunterricht »in einer Hornzschje in Mickten«, und wie er durch die Trümmerwüste der zerstörten Stadt zu dieser »Bude« gegangen sei, »beeindruckend, die bizarren Formationen, hat mir besser gefallen als das Aufgeräumte nachher«; am schönsten sei es im September gewesen (der Jahreszeit der Kostümverleihe, warf Urvasi ein), – wenn überall auf den Trümmern die Goldrute blühte, »ein Meer aus Gold, eine auf eine Bonanza gestoßene Goldwäscherei, grauenhaft schön«; von Bannewitz die Pappel-

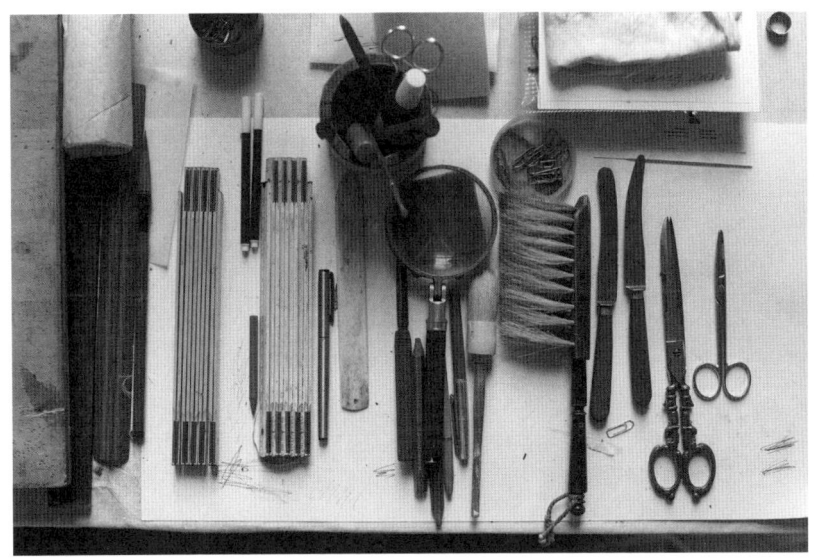

Aus »Das Atelier Hermann Glöckner« 1987

alleen entlang, zu Fuß natürlich in der Nachkriegszeit, die tiefen Pappelströme bei Nöthnitz, im Kaitzgrund, und wenn ein Auto kam,»die Scheinwerfer, die das flirrende Dunkel in Licht tauchten und löschten«. Später habe er Unterricht auf dem Weißen Hirsch gehabt, beim Herrn U., genannt Stellvertretender Vorsitzender, der engelsgeduldig gewesen sei und streng kommunistisch, ein hervorragender Lehrer. Und die Frau im Bademantel offm Balkon! Es verwirrte einen doch. Noch nich' mal richtsch offgestanden – und schon de Musik im Haus, habe sie angemerkt. – Ich habe Dix besucht, sagte Urvasi, ich bin im Albertinum gewesen, um ihn mir anzusehen. Am meisten hätten ihn, sagte Urvasi, die Stilleben interessiert; von denen sei allerdings keines von Dix. Das Quittenstilleben von van Gogh sei ja das Zentralbild der Quitten-Gesellschaft, erst kürzlich habe es einen Disput über die Anzahl der gemalten Quitten gegeben, er habe nachgeprüft: fünfzehn Stück seien die Azurwoge, die auf der Leinwand von links oben nach rechts unten sich ergieße, hinabgekollert. Daneben Ensors bedeutendes Stilleben mit Rotkohl. Gegenüber Monets Pfirsichglas, fünf recht appetitlich wirkende Früchte auf einer marmornen Tischplatte, zwanzig sichtbare im Glas. – Nich neunzehn? – Nee, zwanzsch. Übrigens sei es bei diesem Streit hauptsächlich um die Titel eines Dresden-Siebenteilers gegangen: 'türlich, an und für sich, hm, eua, nu / nee, durchaus, escha. Der Verfasser sei ein Rüsselkäfer aus der Dresdner weltberühmten Sammlung Curculionidae des neuerdings zu Klotzsche ansässigen Tierkundemuseums. Es handele sich, sagte Urvasi, während er einige Zettel aus der Tasche zog und an verschiedene Bäume heftete, um ein wahres Werkmassiv, verfaßt in Aphorismen.

Wie vertrackt sind meine Tage. Wir Rüsselkäfer werden chronisch unterschätzt. Indessen heute an der Pillnitzer Kamelie genagt. Wir alle mögen ja die Schönheit, die noch etwas mit dem Begriff Freigebigkeit anzufangen weiß.

... K.u.K.: Auch wir. Die Kaffee-und-Kuchen-Monarchie. Italienische Zimmer. Türckische Cammern. Wände aus Erinnerungen, Brandung schreibt ihr Heimweh die Treppen hinauf. Zum Gespräch laden Archivare, heben Berglampen und jahrhundertgroße Schlüsselbünde. Man wohnt auf Theaterdecks, Alltag ist nur die Pause zwischen zwei Vorstellungen. Wir kennen erhabenere Epochen, sagt das Gedächtnis; wir sind heiter, das ist die Höflichkeit unserer Melancholie. Dresden: die Treue zum Horizont.

Langsam eine der mannigfaltigen Weinbergtreppen hinaufgeschritten (wer hört mein Keuchen!) und das Staubsaugerproblem hiesiger Hotels bedacht, von dem mir Curculio nucum, die Haselnußbohrerin, genannt Die Sensible, berichtet hat. Schon von weitem höre man, kaum daß irgendwo ein Hahnenkamm erzittert sei, in den zumeist karg bestrahlten Herbergskorridoren ein Gerolle und Gestöpsel, das je nach Flottentyp »etwas mehr sahnig« (Miele) oder »burschikos« (Nilfisk) oder gar »schlierig enthemmt« (Sebo) gerate, bevor mit dem so charakteristischen Klack (Stecker in Steckdose), und dem ebenso charakteristischen Klick (Fuß betätigt den Einschalter) der Kampf ums Überleben der Teppichbewohner beginne. Sie sitze ja windstill in der Wand, aber wie Schreckliches habe sie schon beobachten müssen! Läuse in unausdenkbaren Fasertiefen, an denen grausame Orkane zerrten, so dennoch schließlich mitgerissen; Wanzen, erst gestern noch auf Familienbesuch im Zwinger, heute schon ohne Hoffnung. – Meine Ganzzarte, meine Gunstgewerblerin, uns bleibt nichts als Anteilnahme und Sabotage.

Trostlos auf dem Berg angekommen von empörender Reklame heimgesucht: Born to be Senf! Dabei findet sich gerade bei uns die Kultur. Was wissen denn die Dresdner und ihre Besucher von der mit Ehrendiplomen gewürdigten Hufeisensammlung der ehemaligen Tierarzneischule, der von Dr. Dr. Arthur Fischer geleiteten Staatlichen Lehrschmiede und jener von ihm redigierten, bereits mythischen »Zeitschrift für das gesammte Hufbeschlagswesen«, »Der Hufschmied«, 720 Heftfolgen, eins der nummernstärksten Fachmagazine aller Zeiten; sind sie oder wir mit Kapitän Luckner auf den sieben Meeren unterwegs gewesen wie Stenopelmus rufinasus, mein altersloser Vorderläufer, genannt Der Seemann?

Und überhaupt: Wer ist es denn, der Dresden wirklich kennt? Hast du etwa, du Ureinwohner, der du selbst im Schlaf nur »Frauenkirche Frauenkirche« murmelst, die Pigmente in Canalettos Bild gekostet? Nein, Rhopalapion longirostre, genannt Der Wissensdurstige, hat mit seinem Rüssel das Preußischblau unter den Lasuren punktiert … Und was ahnt ihr denn vom Sächsisch unserer Nasen? Weich wie gewiegtes Röhricht und zauberhaft mannstoll klingt es, wie das Jungfernregal einer Silbermannorgel.

(Groß und wenig erforscht ist das Heer der Rüßler. Der Gekittete, genannt Der Phantast, war es, der uns unter dem Pseudonym Karl May seine unsterblichen Aufzeichnungen hinterließ: Er reiste auf einer Kaffeekanne durchs wilde Kurdistan, mit einem Wunderlampenbewohner namens Blauer Dunst durch das Land der Skipetaren, fand die Schluchten des Balkan in Radebeul und den Wilden Westen in einem Bücherregal; sei bedankt, Meister des Fichtennadelrauchs über den Badewannen meiner Kindheit, Zauberer der Dachböden mit Silberbüchse, Bärentöter und Henrystutzen; möge Chodem, das Gewissen, Astralgeist der Villa Shatterhand, dir in Dschinnistan beistehen!)

Mir ist nach Bloggen zumute! Wie freue ich mich über die gewissenhafte Einsicht eines Ehrenrüßlers in das Wesen jenes Frühlingsglücks, das hin und wieder unsere weltberühmte Sammlung durcheinanderbringt: »Ich rollte über ihn. Wir rollten über mich. Sie rollten über ihn. Wir rollten über uns.« Die Elbe, der Brombeerfluß, und seine Flaschenteufel sind großkalibrig, sprudelnd, unnachgiebig.

Ich sehe Häuser, eine Stadt, sie ist da – und ich wundere mich, daß sie dazu fähig ist. Es dürfte hier die meisten männlichen Klatschweiber geben, die fischelantesten Feiglinge und die stattlichste mit Oberlehrern bemannte Armada, die je ihre Fahne in den Wind hängt. Hörte ich ihren Namen, dachte ich: Unter der Idylle – immer reichlich Gülle.

Jetzt aber, bevor alles verschwindet und so auch ich, will ich noch eine dicke einheimische Zigarre küssen, ein paar Tollkirschen essen, in meinen geliebten dreizehn Elefantenrüßlern lesen, mich an Stechapfelpulver berauschen und dazu meine Lieblingsvampirfilme gucken, die der Sandsteinbohrer vom Nachbarbrett, genannt Der Köstliche, gedreht hat; ich werde, indem ich beschließe, selber endlich zu einem braven und nützlichen Mitglied der großen Gemeinschaft der Rüsselkäfer zu werden, aus lauter Spaß gegen so viele Tabus wie möglich verstoßen, bevor ich – notgedrungen! – Nu sage zu einem wahrhaft finsteren Hack für mehr Sonne und Mitgefühl, reuig auf meinen bescheidenen Platz im Käferkarussell zurückkrieche und die Grenzen meiner Sinnesverwirrung erkenne; ich, genannt Der Philosoph, der die Grenzen nicht erträgt – nicht dieser Reise und nicht der folgenden. (Aus den Aufzeichnungen eines Rüsselkäfers)

31

Tscha, sagte Urvasi, indem er eine fehlgeleitete Reißzwecke aus seinem Daumen entfernte, sprachen wir nicht von Dix? – Otto der Große, sagte Niklas und ließ den letzten Zettelbaum rasch hinter sich, Dix – Löbte, habe er kategorisch knapp eher wie einen Fleischbrocken hingeworfen als einem Frager mit kursächsischer Höflichkeit erwidert, das Haupt der Dresdner Ottonen, Maler allesamt, wie sie im Buche stehen! – Dix und Höflichkeit, lachte Urvasi, dabei habe der ein Herz gehabt, zu groß für alle Hosen, in die es rutschen könnte. – Das Kriegstriptychon sei in die entartete Kunst geraten, sagte Niklas, aber der Sohn der Bienert-Ida, Hafenmühle, weitgerühmte Kunstsammlung der Neuen (mein Gott, bedauerte Niklas, wir hatten alle: Picasso, Braque, Klee, Kandinsky, Kokoschka ... wie se alle hießen!), Patronin Däublers, der das »Nordlicht« geschrieben habe, – und die »Treppe« zum »Nordlicht«, angeregt von der Pillnitzer Wassertreppe, unterbrach Urvasi, – der Sohn der Bienert-Ida also, pflückte sich Niklas das Wort zurück, der habe das Kriegstriptychon versteckt, ebenso wie andere Werke des Großen Otto, sieben Bilder habe er in eine Scheune gegeben im Erzgebirge, habe aber dem Bauern »nischt« gesagt, der nach dem Krieg die Bilder im Stroh entdeckt, aber »reinweg nischt« damit anzufangen gewußt habe; das Bäuerlein, der »tumbe Tor«, (Niklas' bange Finger fuhren aus, tasteten die Wolken ab) habe nur die Qualität der Leinwand erkannt, herrliche Leinwand, habe er gedacht, ideal geeignet für – Kartoffelsäcke, und habe die Leinwand, mithin die Gemälde, ausgekocht, dem taumelnden Dix dann und dem Bienertidasohn stolz die Kartoffelsäcke vors Gesicht gehalten; und der Prozeß, dann, beim Gericht! Der Curt, der Querner, habe ihm, Niklas Tietze, berichtet, wie die lieben Kollegen Maler dabeigesessen und vor Schadenfreude, was Otto dem Großen passiert sei, in geradezu euphorischen, gewissermaßen in Luftballonzuständen sich befunden hätten; das arme Bäuerlein habe gar nichts verstanden und sei zwangsläufig freigesprochen worden; die schönen, erstklassigen Kartoffelsäcke.

Die Konferenzen der Bäume, die grünen Ufer der Gärten, Bassins aus Pflanzen – an Nachmittagen wie diesen hatte das Licht Parlamentäre, die einander, da sie in den Schattenstreifen zwischen ihren Bezeugungen hochmütig abwesend blieben, nur scheinheilige Versöhnungen anboten, solche, die eine Fähre ablegend vom Ufer zeigten, Erinnerungen an Kinder-Badetage an der Prießnitz, vom Diakonissenhaus hinab von Weiden und Erlen eskortiert, dem Gekläff eines Setters zugänglich, dessen triefender Schwanz von der Freude des Tiers, den schnappenden Lefzen vergessen ist und sich berechtigter Ermüdung ergibt, eine leicht teilnahmslose, abtrünnige Kreatur für sich; Parlamentäre in löchrigen Allianzen mit den Dingen, die Dämmerung streute überall schon ihre Metastasen. Der Grüne Bogenschütze, behelmt, nackt, gelassene Drehung in den Lenden, wird mit seinem Pfeil das Wolkenporzellan über der Stadt spalten; Weinterrassen, Lingnerschloß, Urvasi erwähnte den Nickenden Milchstern, der im Grundstück des einstigen Mundwasserfürsten vorkomme, – ja, Wein, sagte Niklas, erst gestern habe er einen vorzüglichen Proschwitzer Roten getrunken, eine Brombeer- und Sauerkirscharomenbombe, im Barrique gereift, ein wahrer Gaumenrubin, ein edler, ja: Charaktertropfen; – um von Birnen zu reden, sagte Urvasi, gerade habe er, als Mitglied der Quitten-Gesellschaft, einen Vortrag über Birnen unter besonderer Berücksichtigung des Elbhangs gehalten, diese im Schatten des Apfels geblieben Frucht, – noch mehr allerdings die Quitte, unterbrach Niklas, die wunderbare Konstantinopler Quitte beispielsweise, die in den verkrauteten Bezirken rund um die Saloppe, den Heilstättenweg und in manchem Loschwitz-Wachwitzer Garten sich erhalten habe, köstliches Gelee! phänomenaler, in Wien preisgekrönter Quittenbrand! und von der Portugieser Quitte kolossales Schmorobst! – Und immer im Elbtal, ergänzte Urvasi, bedeutende Birnen. Gellerts Butterbirne, Gute Luise, Winter-Dechantsbirne, die Cedille oder Forellenbirne, die aus Sachsen stamme; ob Niklas die Geschichte des Wiener Malers Boeckl kenne, die Dix erzählt habe? Der Boeckl, wohnhaft Argentinierstraße mit Pferdefleischbeisln damals und Botschaften neuerdings, habe ein großartiges Talent und neun Kinder und einen grundsätzlich katholischen Glauben gehabt; zuzeiten habe in seinem Haushalt solcher Mangel geherrscht, daß der Boeckl einen Mäzen habe bitten müssen, ihm für ein geplantes Stilleben Brot und Birnen zu leihen; ein Stilleben, getreu nach der Natur, habe freilich nicht entstehen können, weil die Kinder des Malers Boeckl in ihrem Hunger Brot und Birnen vor dem Schaffensakt schlicht aufgegessen hätten. Dann habe der Boeckl eine Birne in quasi transzendentalem Zustand, eine Jahrhundertbirne gewissermaßen, gemalt, einen wahren Saftkometen ohne jeglichen Schädling, eine Birne von sadistischer Anmut und nicht anders als vernichtend zu nennender Pracht, eine Birne mit einer Aura von fehlgeschlagenen Abenteuern, verschwiegen brechenden Birnbaumästen, gestürzten Illusionen, ein Birnengestirn gewissermaßen, wie es über dem ganzen Obstreich noch nicht geschienen habe. – Ein Tag der starken Farben, sagte Niklas angesichts eines behäbig aufrieselnden Vanilleklaviers in einer Baumkrone; Sonnenstäbe, die Büsche anstießen, Billards von Hunden auf den Elbwiesen, Radfahrer, Drachen an den Nabelschnüren von Kindern; erst neulich habe er wieder einige Querners vorgeholt und sei dann nach Börnchen gegangen wie früher, als Regina und Curt noch lebten, am Possendorfer Berg seitab, und er habe wieder einmal, sagte Niklas, sehen müssen, daß man Dresden nicht verstehe ohne die Umgebung, die Felder ringsum, Luchberg, Wilisch, Quohrener Kipse, das Land und die Menschen, die Querner gemalt habe. Dem Curt und noch manch anderem hätt' ich's gegönnt, daß sie die Wende erleben. – Dresdner Maler, sagte Urvasi, Wols, Rosenhauer, Lachnit, Heckrott, Lohse, Hegenbarth, Willy Wolff, zweimal desertiert, zweimal fast gefaßt, zweimal verrückt gestellt und entkommen, Ausstellungsverbot in den Sechzigern, wissense, Herr Tietze, was die gemacht haben in der Galerie? Die Bilder so langsam abgehängt und verpackt, daß jeder, der sehen wollte, sehen konnte. Tagelanges Abhängen. – Die Lohse-Wächtler mit ihrem schrecklichen Schicksal, sagte Niklas, Richterhanstheo, Heuer, Kretzschmar, Rudolph mit seinen Zeichnungen »Das zerstörte Dresden«, – Rudolph habe ja Querner mal beim Materialeinkauf getroffen, sagte Urvasi, und habe ihn gefragt, was er von seinem Porträt des Staatsratsvorsitzenden Walter Ulbricht halte. Querner habe geantwortet, daß er das Bild für eine starke Leistung eines Siebenundsiebzigjährigen halte. – Charakterkopp, der Rudolph, sagte Niklas, wenn man zur Unzeit kam, flog einem die Tapetenbürste entgegen. Kretzschmar und Rudolph, einander spinnefeind, hätten ja ihre Ateliers in der Kunsthochschule nebeneinander gehabt. Eines Tages hätten sie auch nebeneinander auf dem Klo gesessen, beim Rudolph das Papier alle. Nach langer Zeit habe ihm der Kretzschmar eine Rolle durchgeschoben, nicht ohne schöne Skizze. Körnig, über dessen Dachbodenausstellungen der alte Löffler einfühlsam geschrieben habe, die Blumenstilleben von Paul Wilhelm, kinderhautzart, sein liebendes Bildnis der Dame mit dem gelben Hut. – Die Neueren, sagte Urvasi: Richtergerhard natürlich und Penck, Bildhauer Makolies mit seinen Eckgesichtern am Funktionsgebäude der Semperoper, die Maske zur SED-Bezirksleitung mit herausgestreckter Zunge, – da wir bei Bildhauern sind, sagte Niklas: Bildhauer Wanitschke noch nachts halb vier aus'm Bett in Hosterwitz gefahren eines Albtraums wegen, in die Frauenkirche gerast und seine Engel nachgemessen: Himmel! 's stimmt doch! Wirst nicht im Höllenkreis der Pfuscher schmoren, – war's nicht um vier? sagte Urvasi, der wuchtige Giebe, Hermann Naumann, die Hampel, von der die Undine im Pieschener Hafen stamme, Plenkers, Kerbach, Havekost, die klare Raserei Uhligs, die wie aus Pflanzenfasern gesponnenen Elbuferskizzen Gerda Lepkes, Klaus Drechsler und seine Algraphien, Cornelia Schleime, Eisenfeld und wer nicht noch alles, die Hälfte sicher

vergessen, wir unsicheren Sänger, – Glöckner, sagte Niklas, der bedeutende Konstruktivist, dessen Atelier der Fotograf Lieberknecht bewahrt habe in bemerkenswerten Aufnahmen. Er erinnere sich an eine Kanne voller Löffel, schmollend am Fenster unweit einer anmutig auf Stange gezogenen Sperre aus Wäscheklammern, ein Regal mit Acrylbüchsen, die Glöckner mit großgezirkelten Erkennungs-Farbscheiben präpariert habe, an die Wandtabletts mit Entwurfsmappen, zwischen denen eine herrliche glatte brünierte Schraubzwinge offenbar aus purer Lust im Holz gesessen habe, und die Mappentitel: »Flecken«, »Kurven 1«, »Kurven 2«, »Schablone«; kolossal, sagte Niklas, dieser so bedächtig-liebenswerte Irrsinn einer Verbindung von Kirche und Bastelstube, das sei nicht ordentlich, sondern Ordnung gewesen, durchkreuzt von Magischen Quadraten, trockenen, in Einmachgläsern beurlaubten Heliotropzweigen, kauzigen Dreiecken und Büroklammern, die Gottesanbeterinnen glichen, und selbst eine Schachtel mit zusammengerollten Bindfäden, ja, der Inhalt von Glöckners Papierkorb sei Kunst gewesen.
– Was ihn angesichts der Villa Marie, in der man neuerdings so schön italienisch essen könne, sagte Urvasi, an die fabelhaft queren Kunstaktionen erinnere, die man in der Ära von Wanda Reichardt dort veranstaltet habe. »Moosrose 10« zum Beispiel, worüber der Autor Tellkamp, nach Lektüre der Erinnerungen des Fotografen Nützenadel im Elbhangkurier, eine freilich ziemlich paßgängerische Moritat verfaßt habe: Moosrose war ein Rennpferd ohne Klasse und Fortune, / rannte in der untersten Liga, stand nie im Siegergrün. / Es kam sein letzter Lauf. Die Künstler der Villa Marie / versammelten sich auf der Rennbahn, dann tippten sie / gesponserte Wettscheine auf Moosrose. – Totalverlust. / Moosrose rannte tapfer, chancenlos, die Zunge hing ihm bis zur Rennpferdbrust. / Und dennoch. Man feierte frenetisch. Man gab ihn nicht verloren. / Man ehrte ihn mit einem Kranz aus Möhren. Er war auserkoren / zum Held des Tages. Man salbte ihn mit Kräuterquark / aus einer Künstlerbadewanne. Arm, aber stark / begann das Happening. Siebzig Exemplare / gab es vom Katalog, und darin rare Ware: / 1. Moosroses Stammbaum. 2. Frische, heiße / eingeschweißte Stücke Pferdescheiße. / Natürlich alles viel zu subversiv. / Weswegen man die Staatsmacht rief. / Witz, du weicher Widerstand, was tun? Es

wird beschlossen / Die Galerie bleibt während der Öffnungszeit geschlossen. – Wie lange ist das schon her, sagte Niklas. Es habe ihn tief beeindruckt, wie die Menschen um Wanda Reichardt in der Villa Marie gelebt hätten. Unangepaßt, ohne Geld, in konzentrierter Arbeit, den Daseinsfeiern zugetan auf der Suche nach der Kunst und der Utopie.

32

Zuviel Idylle? Die Elbe schreibt ihr flüssiges Fragezeichen an die Stadt. Ruderboote; die Wiesen voller Spaziergänger und Mütter mit Kinderwagen, Angler stehen an der Ausmündung des Trillebachs, heben hin und wieder die Ruten und plazieren die Köder neu, lassen sie langsam hinaustreiben, auf die Dampfer zu, die vor der Brücke die Schornsteine kippen. Sonnenstrahlen prallen auf die Wasseroberfläche, die sich als Schmiede zu erkennen gibt und das Quecksilbrige zu vergänglichen Harnischen, Schulterpanzern, Epauletten und leeräugig davongaloppierenden Geisterpferden formt. Feuerplatten schwimmen hin und her, eine Zone ineinandergespülter Kräfte, Radien, zaghaft Gestricheltes wechselt sich ab mit festen Schraffuren, Strömungskummer trudeln auf, Graugardinen, die sich öffnen, Flußgeheimnisse andeuten, schließen. Aufgerührte Lieder, Wellen murmeln und singen, plaudern und tuscheln, von Prag, wo die Moldau den Hradschin und die Terrassengärten der Kleinen Seite mit Zeiten und Zeiten bedeckt, von Böhmen, das wie Dresden am Meer liegt aus Sand, Vergangenheit, Sehnsucht. Vom Riesengebirge, wo unterm tiefen Tann die Erzadern wuchern, Gerhart Hauptmann auf dem Wiesenstein saß in Agnetendorf und ans Hohenhaus dachte, Radebeul, drei Brüder freiten drei Schwestern, und was sind die Schiffe im Strom, Narren der Spätwärme, dieser Getreidefrieden der Luft, unwiderstehlichster Falschmünzer von Dresden. In der Ferne klart Pillnitz mit seinen Chinoiserien und Palmkübeln, der Vogelaugen-Kühle an Oktobermorgen, wenn das Spiegelbild einer Narzisse schwankt, die Gondel im Park und das von Zadnicek verwunschen fotografierte Palmenhaus sich mit der Kamelie zu einem Herzogtum

Blick von der Schwebebahn 2010

der Stille verbünden. Bergpalais, Wasserpalais; Grafikantiquariat, der Verkaufsstand für Pulsnitzer Pfefferkuchen, der Park und seine aus den Zweigen der Blutbuchen und Blauglockenbäume sinkenden Teetassen; die Dampfer drehen, kreiseln weg von den Pontons. Sirenen wecken die Wehmut, die erst in Hamburg ausgewachsen sein wird, der befreundeten Meerstadt mit ihrem Salzatem, der Windweite und den segelsetzenden Namen: Großer Burstah, Süderende, Palmaille, Dovenfleet. Die Wellen der Elbe erzählen, werden sich mit den Erinnerungen von Torgau und Magdeburg, Wittenberg und Schönebeck verschwistern; ich sehe die Dampfer reisen, Ausflügler in Sommerkleidern, am musikdurchwehten Schillergarten vorbei, wo meine Eltern zu den Beats der »Pepitas«, dem Dixieland der »Elb Meadow Ramblers« tanzten. Über das Blaue Wunder kriecht der Verkehr.

»Gehen wir nach Hause«, sagte Niklas, »ich sehe schon, wir haben viel zu erzählen; meine Güte, Leben, Leben.« – »Ja«, sagte Urvasi, »aber wir hätten beim Wippler Eierschecke mitnehmen sollen. Na, wie weiß der Humorist: Dresden Se sich.«

33

… es wird zurückkehren, das Geräusch der »Hispaniola«, nachts, wenn im Dachbodenschatten Flints Mannschaft lauscht, doch das Haus ruhig ist und die Positionslampe im Dachfirst allmählich in die Koordinaten des Polarsterns rückt. Nachts, wenn das Haus Meßmacher, Hermann-Prell-Straße, mit seinem russischen Türmchen und der Wohnbrücke zwischen Straßenebene und Gartenetage wieder von den Schritten des Schiffsarztes belebt wird, dessen Bücher »Mopedfahrt in Südasien«, »Nach Yokohama und zurück«, »Arzt am Rande der Sahara« sich für immer mit dem Sommer-Delta verbinden, das sich unterhalb der Prellstraßenkehre, abgeriegelt vom Schauinsland auf dem Bergsporn und der Kreideklippe der aus Capri versprengten Villa Tiberius, bis zu den Höhenzügen des Osterzgebirges und der Sächsischen Schweiz verzweigte und die aufgefächerte Stadt mit den Szenerien eines Hafens füllte: Die Elbe war unser Mississippi, wir hörten die Sirenen der Weißen Flotte, mächtig zerstreuten sie die Binnenlandschaft, hefteten Flaggen an die Nadelholzmasten des Elbhangs, färbten die Namen mit Hoffnung und Rausch: Compagnie Laferme, die den Tabak- und Schornsteinrauch der Geschichten lieferte; Haus Karavelle, Tausendaugenhaus, durchzogen von den Karawanen Orbasans; Jules Verne. Für Augenblicke ist es wieder sein Land. Der Junge, der ich war, geht an Bord nach Mathias Sandorfs Triest (auch eine tempi-passati-Stadt), reist mit der »Nautilus« des Kapitän Nemo um die Welt – ein beleuchteter Räth-Globus in der Ecke unter den mit Landkarten beklebten Dachschrägen. Straßenköter, Piraten, Autodiebe werden lauern. Wespen fressen sich durch die Dachdämmung. Bewacht vom Rasiermesser aus Harands Friseursalon, das an einem seidenen Faden über dem Schreibtisch hängt, vertritt eine Tintenflasche der Loschwitzer Tintenfabrik Leonhardi die Epoche der Handschrift, weiß von stromlosen Zeiten (ein mit Leonhardis Alizarintinte geschriebener Brief war nach dem Untergang des Postdampfers »Nordland« noch lesbar); wartet, im Winkel unter den Grafiken von Eulenfaltern und Vögeln (Leierschwanz, Pirol, Gewürztaube, Wiedehopf), der Märchenkoffer auf die Stunde der Schuhe. Die Taschen meines Arztkittels halten Stethoskop, Vergiftungstabelle, Reflexhämmerchen für die Staffeleien mit den angehefteten Plänen bereit. Sarrasanis grünweiße Fahne, auf den Zirkusbüchern von Ernst Günther und einem Stapel der »Zauberkunst«, Zeitschrift des »Magischen Zirkels«, mustert Seesack und Schreibmaschine an. Unter dem Steuerrad, geeicht von Wasserwaage, Glashütter Marineuhr und einer Zigarrenkiste voller Bleistifte, sehe ich die Weinleite wie eine Landzunge aus einer italienischen Oper im Seegang der Bäume liegen, höre die Echos vergangener Abendfeste, das Geschwirr erzürnter Klaviere aus dem wie eine Sarazenenburg über der Plattleite thronenden Haus Orlando, in dem sich ein Internat für Kinder griechischer Partisanen und später Büros der Konzert- und Gastspieldirektion befanden. Die wutentbrannten Schreie gedemütigter Soprane durchbohren bis zum völligen Verschleiß wiederholte Tannhäuser-Romerzählungen, Fußtritte abgelehnter Schauspieler krachen gegen eine stabile Schranke, die sich in ein Park-Panorama, den von der Standseilbahn langsam polierten, im August überkochenden Blumenkasten von Dresden öffnete. Zurückkehren werden die Winter, die Jahreszeiten ferner Küsten, des Hungers, des Verrats und der Freunde; zurückkehren werden Rost und Schlaf. Aber auch sie wird es geben, die Freiheit des Abschieds, die sesamtragenden Türen.

Bahnhof 1987

Der literarische Begleiter fürs Reisegepäck: Mit großen Autoren unterwegs zu den schönsten Orten der Welt

Ob auf den Spuren Erich Kästners oder zu den Originalschauplätzen von Uwe Tellkamps *Der Turm*: Auf ausgewählten Spaziergängen führt Katrin Nitzschke den Leser durch das ›deutsche Florenz‹ an der Elbe, zu den wichtigsten Sehenswürdigkeiten und ins märchenhafte Dresdner Umland – stets auf den Spuren großer Autoren und Künstler.
Farbige Fotografien, Stadtplanauszüge und ein detaillierter Serviceteil machen diesen Band zu einem unentbehrlichen Reisebegleiter durch eine der schönsten Städte Europas.

Katrin Nitzschke, Dresden. Ein Reisebegleiter. Mit farbigen Fotografien und Karten. insel taschenbuch 4034. 158 Seiten

»**Hier leb ich halb. Woanders wär ich tot.**«

Endlich Berliner! Mit diesem Begeisterungsruf entrinnt so mancher der deutschen Provinz und zieht nach Berlin, in die Hauptstadt. Endlich Kreuzberg, endlich die Museumsinsel, endlich Clubs und Theater. Es gibt zahllose Gründe, endlich Berliner zu werden. Eigentlich kaum zu glauben, daß einem hier auch der Himmel auf den Kopf fallen kann. Touristenfallen am Hackeschen Markt, verdreckte S-Bahnen, und der Monat November scheint kälter, feuchter und dunkler als irgendwo sonst auf der Welt. Also doch lieber raus aus Berlin? Auf jeden Fall! Aber nur für drei Wochen im Jahr. Und niemals im Mai und schon gar nicht im Sommer.

Hans-Ulrich Treichel, Endlich Berliner! Mit 16 Farbaufnahmen des Autors. insel taschenbuch 4097. 166 Seiten

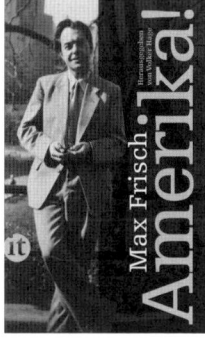

Amerika!

Max Frisch und die USA: Die Erlebnisse des Schweizer Wahlautors auf dem amerikanischen Kontinent, seine Erfahrungen und Beobachtungen, festgehalten in kuriosen Geschichten, anrührenden Notizen und scharfsinnigen Reflexionen – ein großartiges Panorama Amerikas und eine Liebesbeziehung, der es an kritischen Tönen nicht fehlt.

Max Frisch, Amerika! Herausgegeben von Volker Hage.
insel taschenbuch 4009. 162 Seiten

Die Kulthauptstadt des Nordens – wie sie keiner kennt!

Reykjavík ist die nördlichste Hauptstadt Europas und was für eine! Tief mit seiner Geschichte verwurzelt, präsentiert sich Reykjavík gleichzeitig als aufstrebende junge Metropole mit einer lebendigen Literatur- und Kulturszene. Die literarische Stimme Reykjavíks ist vielfältig und vielstimmig, besonders die jungen Autorinnen und Autoren sind in den vergangenen Jahren international sehr erfolgreich geworden. Der berühmte isländische Autor Pétur Gunnarsson lädt uns ein, seine faszinierende Heimatstadt kennenzulernen.

Pétur Gunnarsson. Reykjavík
Aus dem Isländischen von Betty Wahl. insel taschenbuch 4043.
114 Seiten

Eine Liebeserklärung an Spanien

Jedes Jahr im Juli landet Cees Nooteboom auf den Balearen – und bringt von dort Geschichten mit, über die Insel und über das Land. Er erzählt von Don Miguel, dem 87 Jahre alten Postboten, von einem Mädchen namens »Schnee« und einem anderen, das »Liebe« heißt. Er betrachtet das Land und dessen Menschen mit Zuneigung, wissend, dass er nur ein Passant ist, einer aber, der sagen kann: »Ich liebe Spanien«.

»Wer Nooteboom liest, wird erleuchtet.« *Ulrich Greiner, Die Zeit*

Cees Nooteboom, Die Insel, das Land. Geschichten über Spanien. Aus dem Niederländischen von Helga von Beuningen. insel taschenbuch 4024. 115 Seiten